Georg Pauser

SEIN WORT AN UNS. Kurzansprachen für Feste im Laufe des Kirchenjahres

Georg Pauser

SEIN WORT AN UNS. Kurzansprachen für Feste im Laufe des Kirchenjahres

Hochfest der ohne Erbsünde empfangenen Jungfrau und Gottesmutter Maria - Christkönigssonntag

Fromm Verlag

Impressum/Imprint (nur für Deutschland/ only for Germany)
Bibliografische Information der Deutschen Nationalbibliothek: Die Deutsche Nationalbibliothek verzeichnet diese Publikation in der Deutschen Nationalbibliografie; detaillierte bibliografische Daten sind im Internet über http://dnb.d-nb.de abrufbar.
Alle in diesem Buch genannten Marken und Produktnamen unterliegen warenzeichen-, marken- oder patentrechtlichem Schutz bzw. sind Warenzeichen oder eingetragene Warenzeichen der jeweiligen Inhaber. Die Wiedergabe von Marken, Produktnamen, Gebrauchsnamen, Handelsnamen, Warenbezeichnungen u.s.w. in diesem Werk berechtigt auch ohne besondere Kennzeichnung nicht zu der Annahme, dass solche Namen im Sinne der Warenzeichen- und Markenschutzgesetzgebung als frei zu betrachten wären und daher von jedermann benutzt werden dürften.

Contact:
International Book Market Service Ltd., 17 Rue Meldrum, Beau Bassin, 1713-01 Mauritius
Website: www.bookmarketservice.com
Email: info@bookmarketservice.com

Gedruckt in: USA, UK, Deutschland. Dieses Buch wurde nicht in Mauritius produziert.

Imprint (only for USA, GB)
Bibliographic information published by the Deutsche Nationalbibliothek: The Deutsche Nationalbibliothek lists this publication in the Deutsche Nationalbibliografie; detailed bibliographic data are available in the Internet at http://dnb.d-nb.de.
Any brand names and product names mentioned in this book are subject to trademark, brand or patent protection and are trademarks or registered trademarks of their respective holders. The use of brand names, product names, common names, trade names, product descriptions etc. even without a particular marking in this works is in no way to be construed to mean that such names may be regarded as unrestricted in respect of trademark and brand protection legislation and could thus be used by anyone.

Contact:
International Book Market Service Ltd., 17 Rue Meldrum, Beau Bassin, 1713-01 Mauritius
Website: www.bookmarketservice.com
Email: info@bookmarketservice.com

Printed in: U.S.A., U.K., Germany. This book was not produced in Mauritius.

ISBN: 978-3-8416-0244-2

INHALTSVERZEICHNIS

Mai

Juni

Juli

August

September

November

Hochfest der ohne Erbsünde empfangenen Jungfrau und Gottesmutter Maria

1. Lesung: Gen 3, 9-15. 20
2. Lesung: Eph 1, 3-6. 11-12
Evangelium: Lk 1, 26-38

I.

Das menschliche Wesen ist gleich zu Beginn seiner Geschichte
in ein Dilemma geraten. Der Mensch hat seinen freien Willen erkannt -
und nicht nur das Gute angestrebt. - Er hat sich von Gott getrennt.

Die Ursünde war, daß der Mensch verführt wurde.

In der Gestalt einer Schlange machte sich der Versucher,
die Macht des Bösen, an den Menschen heran -
noch dazu mit einer Lüge.

Der Mensch läßt sich also verführen:
Die Lüge reizt ihn mehr als Gottes Gebot.

Was dabei herauskommt ist beschämend.

Der Mensch hat sich angemaßt, vom Baum der Unterscheidung
von Gut und Böse zu essen.

Es war nicht ein Apfel, der gestohlen wurde,
und trotzdem war in der ganzen Angelegenheit ein Wurm:
die Schlange, die den Menschen in die Irre geführt hat.

Was letzten Endes gut oder böse ist, entscheidet nur Gott.
Kein Mensch ist Herr über Leben und Tod, darf sich anmaßen,
der oberste Richter - ein Gott über andere - zu sein.

II.

Die Schlange, die sich mit Freude um die Erde windet,
kommt in Bedrängnis durch Maria, die auf Gott hört.

Maria ist bereit, sich dem Willen Gottes zu fügen.

Eine neue Schöpfung entsteht. Das Unheil wird wieder gut gemacht
durch das JA-Wort zu Gott: Ich bin bereit, dem Willen des Vaters
zu entsprechen, mir geschehe nach deinem Wort.[1]

III.

Dieser Entscheidung geht aber das JA-Wort Gottes
zu uns sündigen Menschen voraus: Jesus Christus.

Trotz der Ursünde spricht Gott zu uns sein Wort.
- Und er wartet auf Antwort. -

IV.

Gott hat nicht nur Maria dazu berufen,
der Schöpfung etwas Gutes zu tun.

Wir alle sind erwählt - schon allein durch das Leben -
noch dazu durch die Taufe - der Menschheit zum Heil -
Freunde Gottes zu sein.

Wir sind der Wahrheit verpflichtet und nicht der Lüge.
Wir verstecken uns nicht hinter dem Feigenblatt,
wir nehmen unsere Verantwortung wahr.

Und Gott wird entscheiden - nur Gott -
ob du im Leben deiner Berufung entsprochen hast,
dem Gebot der Liebe folgend - das Gute zu tun.

Amen.

---

[1] vgl. Lk 1, 38

Gebet:

„Großer und heiliger Gott,
im Hinblick auf den Erlösertod Christi
hast du die selige Jungfrau Maria
schon im ersten Augenblick ihres Daseins
vor jeder Sünde bewahrt,
um deinem Sohn eine würdige Wohnung zu bereiten.
Höre auf ihre Fürsprache:
Mache uns frei von Sünden
und erhalte uns in deiner Gnade,
damit wir mit reinem Herzen zu dir gelangen.
Darum bitten wir durch Jesus Christus.“[2]

---

[2] MB 860

Hochfest der Geburt des Herrn - In der Heiligen Nacht

1. Lesung: Jes 9, 1-6
2. Lesung: Tit 2, 11-14
Evangelium: Lk 2, 1-14

*„Das Wort ist Fleisch geworden
und hat unter uns gewohnt."*[3]

Auch wir sind aus Fleisch;
damit auch sehr vergänglich.

Und doch hat unser Leben eine besondere Würde,
weil wir an Berufung glauben.

Die Berufung Jesu war es, der Sohn Gottes zu sein,
Licht zu bringen,
für den Frieden und die Versöhnung zu sein.

Wir gehören zu Christus,[4]
und haben nicht minder die Berufung Kinder Gottes zu sein,
Licht zu bringen,
für den Frieden und die Versöhnung zu sein.

Gott ist Mensch geworden in Jesus Christus.

Er möchte auch heute neu geboren werden im Leben eines jeden,
durch die Christen hineingeboren werden in die Welt von heute.

Gott selber kehrt ein in unser Wesen,
wie Jesus uns verheißen hat:

*„Ich bin in meinem Vater,
ihr seid in mir, und ich bin in euch."*[5]

---

[3] vgl. Joh 1, 14
[4] vgl. Die Feier der Kindertaufe in den katholischen Bistümern des deutschen Sprachgebietes. Hrsg. im Auftrag der Bischofskonferenzen Deutschlands, Österreichs und der Schweiz und des Bischofs von Luxemburg, Einsiedeln 1971, 44. 68; KKK 537; 1213; 1997
[5] Joh 14, 20

So schauen wir nicht nur auf das Kind in der Krippe.

Schauen wir auf uns,
daß wir in Wort und Tat der Berufung gerecht werden,
das Gute zu tun.

Amen.

Gebet:

„Allmächtiger Gott,
dein Wort ist Fleisch geworden,
um uns mit dem Glanz deines Lichtes zu erfüllen.
Gib, daß in unseren Werken widerstrahlt,
was wir im Glauben bekennen.
Darum bitten wir durch ihn, Jesus Christus.“[6]

[6] vgl. MB 41

Hochfest der Geburt des Herrn - Am Tag

1. Lesung: Jes 52, 7-10
2. Lesung: Hebr 1, 1-6
Evangelium: Joh 1, 1-18

I.

Alle Evangelien der weihnachtlichen Zeit sind dem Matthäus- und Lukasevangelium entnommen.

Eine Ausnahme ist der heutige Hymnus,
den wir aus dem Johannesevangelium gehört haben.

Johannes überliefert keine einfachen Geschichten,
keine lieblichen Erzählungen - sein Prolog ist keine einfache Kost.

Er ist Ausdruck und Bekenntnis eines hochbegabten
Philosophen und Theologen.

Schon in den ersten Worten „Im Anfang“[7]
leuchtet die Bedeutung seiner Verkündigung auf.

Auch das Alte Testament beginnt mit diesen Worten „Im Anfang“[8].

An die Stelle des Schöpfungsaktes
tritt Christus als das fleischgewordene Wort Gottes.[9]

Er ist der Urgrund und das Ziel allen Seins,
wie schon zuvor in den Paulusbriefen niedergeschrieben wurde:

„Alles ist durch ihn und auf ihn hin geschaffen.“[10]

II.

---

[7] Joh 1, 1
[8] Gen 1, 1
[9] vgl. Joh 1, 1-3. 14; KKK 65; 102; 151; 457-461
[10] vgl. Kol 1, 16-20

In Jesus begegnet uns Gott:

Er spricht zu uns das Wort Gottes.
Und er ist dieses Wort, das Gott zu uns spricht.[11]

Unbegreiflich: Dieser Mensch ist Gott,[12]
„wahrer Gott und wahrer Mensch"[13],
seit Ewigkeit für Ewigkeit,[14]
Anfang und Ende.[15]
Alles kommt von ihm, alles geht auf ihn zu.[16]

Wie hart klingen da die Worte:

Die Finsternis hat das Licht nicht erfaßt[17],
„die Seinen nahmen ihn nicht auf."[18]

Frohe Botschaft wird verkündet,
wenn wir - mit dieser Klage nicht zufrieden -
durch unser Leben - das Negative von damals
in das Positive von heute umkehren:

In ihm ist das Leben, und das Leben ist das Licht der Menschen.
Und das Licht leuchtet in der Finsternis, und die Finsternis ergreift es.
Er ist in der Welt, und die Welt erkennt ihn. Ja, er ist da,
und die Seinen nehmen ihn auf. Wir sind Kinder Gottes.

III.

---

[11] vgl. Joh 1, 1-3. 14; KKK 65; 102; 151; 457-461
[12] vgl. Ott L., Grundriß der Dogmatik 154ff
[13] KKK 464; 480; 482; 469; vgl. zw. 184 u. 185; 465-468; 1374; GL 377 (Nr. 356)
[14] vgl. Hebr 13, 8
[15] vgl. Offb 1, 8; 21, 6; 22, 13
[16] vgl. Kol 1, 16
[17] vgl. Joh 1, 5
[18] Joh 1, 11

Zuletzt heißt es:

„Allen (aber), die ihn aufnahmen,
gab er Macht, Kinder Gottes zu werden."[19]

Wir haben durch die Menschwerdung Gottes
eine besondere Würde
- einen Auftrag, selber Mensch zu sein.

Es heißt zwar „Irren ist menschlich",
und doch bezeichnet das Menschliche
immer etwas Gutes,
das Gegenteil wäre die ***Un***-menschlichkeit.

Ist Gott Mensch geworden,
sollten auch wir bewußt menschliche Zeichen setzen,
menschlich empfinden, denken und tun.

Das Menschliche ist durch die Menschwerdung Gottes
auch das Göttliche.

Durch uns will Gott seine Liebe - seine Göttlichkeit -
in unser Menschsein - und auch unsere Sterblichkeit -
einbringen.

Amen.

---

[19] vgl. Joh 1, 12

Gebet:

„Allmächtiger Gott,
du hast den Menschen
in seiner Würde wunderbar erschaffen
und noch wunderbarer wiederhergestellt.
Laß uns teilhaben an der Gottheit deines Sohnes,
der unsere Menschennatur angenommen hat.
Er, der in der Einheit des Heiligen Geistes
mit dir lebt und herrscht in alle Ewigkeit.“[20]

---

[20] MB 42

Fest der Heiligen Familie

Lesejahr A:

1. Lesung:	Sir 3, 2-6. 12-14
2. Lesung:	Kol 3, 12-21
Evangelium:	Mt 2, 13-15. 19-23

Lesejahr B:

1. Lesung:	Sir 3, 2-6. 12-14
	oder: Gen 15, 1-6; 21, 1-3
2. Lesung:	Kol 3, 12-15. 17
	oder: Hebr 11, 8. 11-12. 17-19
Evangelium:	Lk 2, 22-40
	oder: Lk 2, 22. 39-40

Lesejahr C:

1. Lesung:	Sir 3, 2-6. 12-14
	oder: 1 Sam 1, 20-22. 24-28
2. Lesung:	Kol 3, 12-15. 17
	oder: 1 Joh 3, 1-2. 21-24
Evangelium:	Lk 2, 41-52

Jedes Menschenleben ist mehr oder weniger aus einer Familie hervorgegangen - und zum großen Teil auch bleibend in eine Familie eingebettet. - Jeder Mensch hat Vater und Mutter, wenn auch nicht jeder in den vollen Genuß einer wirklich intakten Familie gekommen ist.

In jedem Fall haben Eltern - hat eine Frau, eine Mutter -
JA gesagt zu einem werdenden Leben, und jeder kann nur dankbar sein,
wenn zur Berufung seines Lebens - zu seiner je eigenen Lebensgeschichte -
liebende Eltern gehören.

Die Familie ist und bleibt die Urzelle der Gesellschaft.
Sie ist die eigentliche Schule der Menschlichkeit.

In ihr wird auch der Glaube an Gott grundgelegt.

Viele schmerzliche Erfahrungen gibt es,
daß ein Ehe- und Familienleben doch nicht so gelingt, wie geplant,
daß Beziehungen nicht leicht zu leben sind.

Die Heilige Familie ermutigt, daran zu denken,
worum es eigentlich geht: um Liebe.

Liebe in der Weitergabe des Lebens,
im partnerschaftlichen Zusammenleben, in der Sorge füreinander,
in Freude und Leid, in Fest und Feier, aber auch im grauen Alltag.

Ehe und Familie gründen im Wesen der Liebe.
So verweisen sie auf den, der Liebe ist, auf Gott.[21]

Auch die Kirche ist eine Familie,[22] die „Familie Gottes“[23],
und jede kirchliche Gemeinschaft muß in ihrem Gottesbezug
auch einen Familiencharakter haben.

---

[21] vgl. 1 Joh 4, 8. 16; KKK 214; 218-221; 231; 257; 733; 1604; 2331; FC 11
[22] vgl. KKK 1; 959; 962
[23] KKK 756; 759; 815; 959; 1655; 2233; vgl. Mt 12, 49; KKK 1658

Wir sind miteinander und füreinander
eine Gemeinschaft in Christus - in Gott,
und die Erfahrung von Liebe
verbindet uns nicht nur mit den Lebenden,
auch mit den Verstorbenen.

Gott selber haben wir nicht in einer solchen Weise kennengelernt,
wie unsere Eltern und Großeltern,
unsere Freunde und unsere Mitmenschen.

Durch sie aber haben wir einen Bezug zu der großen Familie,
die wir alle sind und sein werden
in der Gemeinschaft der Heiligen.

Amen.

Gebet:

„Gütiger Gott,
du hast die Familie zur Grundlage
der menschlichen Gemeinschaft gemacht.
Am Fest der Heiligen Familie bitten wir dich:
Gib unseren Familien die Gnade,
daß sie in Eintracht leben
und in ihnen alle
in der Liebe einander verbunden bleiben.
Führe die gesamte Menschheit
als eine einzige Familie
zur ewigen Gemeinschaft in deinem Vaterhaus.
Darum bitten wir durch Jesus Christus.“[24]

---

[24] vgl. MB 44; MB 1085

Jahresschluß

1. Lesung: Num 6, 22-27
2. Lesung: Gal 4, 4-7
Evangelium: Lk 2, 16-21

Die Jahresschlußmesse ist zugleich Vorabendmesse für den Neujahrstag.

Zwei Sätze möchte ich aus dem Evangelium herausgreifen,
die sehr wohl zum Jahreswechsel passen:

I.

*„Maria ... bewahrte alles, was geschehen war, in ihrem Herzen
und dachte darüber nach."*[25]

Denken wir zurück an das vergangene Jahr,
vergessen wir nicht all das Gute und das Schöne,
die vielen Begegnungen und Erlebnisse,
die unser Leben bereichert haben.

Schöne Erinnerungen gehören sehr wesentlich zur Lebensgeschichte,
zur eigenen Persönlichkeit.

Sie sind der Nährboden für die Zuversicht,
für unsere Hoffnung, was die Zukunft betrifft.

Vielleicht gab es auch so manche Traurigkeit,
ist jemand erkrankt oder verstorben, ist eine Ehe zerbrochen
oder der Arbeitsplatz verlorengegangen.

Auch für die Enttäuschungen und Traurigkeiten
spricht dieses Wort uns an:

*„Maria ... bewahrte alles, was geschehen war, in ihrem Herzen
und dachte darüber nach."*[26]

---

[25] Lk 2, 19; vgl. Lk 2, 51
[26] Lk 2, 19; vgl. Lk 2, 51

Am Schluß des Jahres können wir alles, so wie es war,
im Gebet Gott anvertrauen.

Wir können über alles nachdenken;
der eigentliche Ort, in dem wir alles bewahren,
ist weniger der Verstand, vielmehr das Herz.

Dort auch geschieht Heilung,
wenn die Liebe stärker ist als Leid,
weil Gott im Herzen wohnt.

Ob im vergangenen Jahr alles gut war oder nicht,
die Antwort ist ein Segen.

Das lateinische Wort für Segen „Bene-dictio"
heißt übersetzt eigentlich: Gut-sagung.

Es soll alles gut gewesen sein, so wie es war.

Das alte Jahr wird gesegnet.
Wir nehmen es an und sagen im Gebet:

„Ja, Herr, so soll es gut gewesen sein!"

Und der Segen gilt fürs neue Jahr.
Es möge alles dem Willen Gottes anvertraut sein.

Gott sagt im Segen gute Zukunft.

Wir werden aber auch in Dienst genommen,
uns zu bemühen, unermüdlich unsere Güte den Menschen zu erweisen,
in die ganze Schöpfung einzubringen.

Wir sind *(dazu)* berufen, an das Gute zu glauben
- ein Segen zu sein[27] - das Gute zu sagen und das Gute zu tun.

---

[27] vgl. Gen 12, 2

II.

Auf jeden Fall ist ein gutes Wort von Gott uns mitgegeben.

Das gute Wort von Gott ist - Jesus,
das Wort, das Fleisch geworden ist.[28]

Es ist uns der Name ***Jesus*** mitgegeben:
Gott ist Retter, Gott ist Heil.

Wir sind immer wieder eingeladen,
im Gebet Jesus anzusprechen.

Der Name bedeutet seine Gegenwart.

Wir leben nicht nur in der Erinnerung an Jesus,
wir leben in Beziehung -
in der Beziehung zu Gott durch Jesus Christus.

Natürlich auch in der Beziehung von Mensch zu Mensch.
Das Entscheidende aber ist unsere Gottverbundenheit -
entscheidend für die gute Zukunft.

Jesus ist sicher der beste Freund an der Seite.

Er ist die Liebe in unserem Herzen,
unsere Zuversicht und Hoffnung.

Er ist das Fundament, der Halt,
auf den wir unser Leben bauen.[29]

Amen.

---

[28] vgl. Joh 1, 14
[29] vgl. Lk 6, 47-49

Gebet:

„Allmächtiger, ewiger Gott,
in der Menschwerdung deines Sohnes
hat alles menschliche Streben nach dir
seinen Ursprung
und kommt darin zur Vollendung.
Wir danken dir für das vergangene Jahr.
Laß uns auch in Zukunft zu Christus gehören,
in dem das Heil aller Menschen begründet ist,
der in der Einheit des Heiligen Geistes
mit dir lebt und herrscht in alle Ewigkeit.“[30]

---

[30] vgl. MB 48

Neujahr - Hochfest der Gottesmutter Maria

1. Lesung: Num 6, 22-27
2. Lesung: Gal 4, 4-7
Evangelium: Lk 2, 16-21

I.

„An Gottes Segen ist alles gelegen“,
so heißt es in einem alten Sprichwort,
und die alttestamentliche Lesung hat uns ermutigt,
vertrauend auf den Segen *(- auf Gott -)* ein neues Jahr zu beginnen.

So hat sich einst auch Abraham auf den Weg gemacht[31]
in eine ungewisse Zukunft, vertrauend auf die Verheißung:

„Ich werde dich zu einem großen Volk machen,
dich segnen und deinen Namen groß machen. ...
Durch dich sollen alle Geschlechter der Erde Segen erlangen.“[32]

Vergessen wir nicht dieses erste biblische Wort,
das uns am Beginn des neuen Jahres
mit auf den Weg gegeben wurde:

„Der Herr segne dich und behüte dich.
Der Herr lasse sein Angesicht über dich leuchten und sei dir gnädig.
Der Herr wende sein Angesicht dir zu und schenke dir Heil.“[33]

Auf Gottes Schutz und Segen vertrauend,
können wir mit bester Zuversicht das neue Jahr beginnen!

II.

---

[31] vgl. Gen 12, 4
[32] Gen 12, 2f
[33] Num 6, 25f

Die zweite Lesung hat uns erinnert
an die Frohe Botschaft des Weihnachtsfestes:

*„Gott hat uns seinen Sohn gesandt,
damit wir die Gotteskindschaft erlangen."*[34]

Auch diese Worte sind uns eine Ermutigung!

Wenn Gott wirklich unser „Vater" ist,
was kann uns dann beunruhigen?

Es gibt doch die Zusage, daß der Vater im Himmel weiß,
was wir zum Leben brauchen,[35] daß er uns nicht vergißt.[36]

III.

Der erste Tag des neuen Jahres ist zudem in besonderer Weise
der Gottesmutter geweiht.

Der auf Gott bauende Mensch
vertraut immer auch
der Fürsprache Mariens.

In der schwersten Stunde des Kreuzes, des Leides und des Todes
hat Jesus uns diesen Hinweis zum Trost für immer gegeben:

„Siehe, deine Mutter!"[37]

Der Blick auf Maria am ersten Tag des neuen Jahres,
die liebend das göttliche Kind in den Armen hält,
läßt uns vertrauen, daß auch wir - von einer Mutter geliebt -
in Gottes Hand geborgen sind.

Amen.

---

[34] vgl. Gal 4, 4f
[35] vgl. Mt 6, 32; Lk 12, 30
[36] Jes 49, 15
[37] Joh 19, 27

Gebet:

„Barmherziger Gott,
durch die Geburt deines Sohnes
aus der Jungfrau Maria
hast du der Menschheit das ewige Heil geschenkt.
Laß uns auch im neuen Jahr immer und überall
die Fürbitte der gnadenvollen Mutter erfahren,
die uns den Urheber des Lebens geboren hat,
Jesus Christus,
deinen Sohn, unseren Herrn und Gott,
der in der Einheit des Heiligen Geistes
mit dir lebt und herrscht in alle Ewigkeit.“[38]

[38] MB 50

Zweiter Sonntag nach Weihnachten

1. Lesung: Sir 24, 1-2. 8-12
2. Lesung: Eph 1, 3-6. 15-18
Evangelium: Joh 1, 1-18

Der Beginn des vierten Evangeliums erinnert an die Schöpfung.
Gott schuf durch das Wort. - Er sprach - und es geschah.

Eine neue Schöpfung ist in Jesus Christus geschehen,
damit auch wir eine neue Schöpfung sind als Gotteskind,
als Christ.

Das Wort ist Fleisch geworden, es hat unter uns gewohnt.[39]

Das heißt: Jesus hat als Mensch in dieser Schöpfung gelebt.

Auch heute will Gott in der Schöpfung zugegen sein
- durch das Leben, durch Liebe - durch das Wort,
das wir zueinander sagen und leben.

Gott hat durch das Wort geschaffen.

Auch wir können viel Gutes tun durch ein gutes Wort:
ein Wort des Trostes, der Ermutigung, des Dankes,
ein Wort der Liebe und der Zuneigung ...

Gott will Dialog. - Das ist der Sinn der Schöpfung,
die ursprüngliche Absicht von Gott, sich mitzuteilen,
in Beziehung zu treten, sich auszutauschen.

*(- Das entspricht seinem Wesen,
in sich Austausch von Liebe zu sein.*[40] *-)*

In der Menschwerdung seines Sohnes - durch Jesus -
hat Gott uns angesprochen.

---

[39] vgl. Joh 1, 14
[40] vgl. 1 Joh 4, 8. 16; KKK 214; 218-221; 231; 257; 733; 1604; 2331; FC 11

Er will unsere Antwort, Beziehung, Verbundenheit.

Unsere Antwort möge aber nicht nur ein ***Wort*** sein,
vielmehr die ***Tat***.

Auch unser Leben ist „Fleischwerdung“:

Gott wollte, daß wir leben
- als Geschöpf in der Schöpfung -
und das zum Heil.

Möge auch durch uns das göttliche Wort hineingesprochen
- hineingelebt - sein in die Welt von heute,
in eine Welt, die für immer Zukunft hat in Gott.

Gebet:

„Barmherziger Gott,
du hast durch deinen Sohn zu uns gesprochen.
Laß uns immer wieder über dein Wort nachsinnen,
damit wir reden und tun, was dir gefällt.
Darum bitten wir durch Jesus Christus.“[41]

[41] MB 217

Erscheinung des Herrn

1. Lesung: Jes 60, 1-6
2. Lesung: Eph 3, 2-3a. 5-6
Evangelium: Mt 2, 1-12

Mit den Königen sind auch wir gekommen,
um vor der Krippe zu stehen, zu beten, den Gottesdienst zu feiern.

Daß die Ostkirche erst heute das Weihnachtsfest feiert,
läßt uns erkennen, worauf es eigentlich ankommt:

Es gilt, nicht nur die Geburt des Erlösers zu feiern,
die im Verborgenen geschehen ist,
zum großen Fest wird das Vorfinden des Jesuskindes,
die Entdeckung dessen, was da geschehen ist:
die Menschwerdung Gottes.

Wir feiern nicht nur die Tatsache,
daß Gott Mensch geworden ist,
wir feiern gemeinsam mit der Ostkirche,
daß die Geburt des Erlösers nicht im Verborgenen geblieben ist,
daß der Mensch den Weg zu Gott gefunden hat,
daß ihm das Licht der Erkenntnis aufgegangen ist,
welche Bedeutung dieses Kind hat.

Ob das jetzt Könige[42] oder Sterndeuter[43] waren,
die den Weg zum Jesuskind gefunden haben,
ist nicht so wesentlich.

Wichtig ist, daß ***wir*** den Weg zu Gott finden:
Daß wir im göttlichen Kind unseren Erlöser erkennen:
Jesus, der für uns in Liebe sein Leben hingegeben hat,
der auch in der heutigen Zeit - in meinem Leben - Licht bedeutet,
Geborgenheit, Kraft und Zuversicht ...

[42] vgl. Ps 72, 10f; Jes 60, 3
[43] vgl. Mt 2, 1. 7

Stehen wir in der Reihe der betenden Könige,
so darf sich jeder Christ
in seiner königlichen Würde angesprochen wissen.[44]

In der Taufe hat es geheißen:

*„Du bist Glied des Volkes Gottes und gehörst für immer Christus an,
der gesalbt ist zum Priester, König und Propheten in Ewigkeit.“*[45]

Gewürdigt, in der Gemeinschaft mit Christus selber ein König zu sein,
haben wir aber auch Anteil an der Sendung, ein „Stern“ zu sein,
ein „Stern, der andere zu Jesus führt“[46].

Erzählen wir in Freude von der großen Entdeckung:
Ich habe in Jesus den gefunden,
der für mich das Leben bedeutet.[47]

Amen.

---

[44] 1 Petr 2,9; vgl. MB 399; KKK 908-913; 943; 1241; 1268

[45] vgl. Die Feier der Kindertaufe in den katholischen Bistümern des deutschen Sprachgebietes. Hrsg. im Auftrag der Bischofskonferenzen Deutschlands, Österreichs und der Schweiz und des Bischofs von Luxemburg, Einsiedeln 1971, 44. 68

[46] Pauser G., Die Kagraner Georgskirche. Ein geistlicher Führer mit vielen Geschichten durch die Kirche St. Georg am St. Wendelinplatz, Wien 1994, 76

[47] vgl. GL 470 (Nr. 472) „O Jesu, all mein Leben bist du“

Gebet:

„Allherrschender Gott,
durch den Stern, dem die Weisen gefolgt sind,
hast du am heutigen Tag
den Heidenvölkern deinen Sohn geoffenbart.
Auch wir haben dich schon im Glauben erkannt.
Führe uns vom Glauben
zur unverhüllten Anschauung deiner Herrlichkeit.
Darum bitten wir durch Jesus Christus.“[48]

[48] MB 60

Taufe des Herrn

Lesejahr A:

1. Lesung:	Jes 42, 5a. 1-4. 6-7
2. Lesung:	Apg 10, 34-38
Evangelium:	Mt 3, 13-17

Lesejahr B:

1. Lesung:	Jes 42, 5a. 1-4. 6-7
	(oder Jes 55, 1-11*)*
2. Lesung:	Apg 10, 34-38
	(oder 1 Joh 5, 1-9*)*
Evangelium:	Mk 1, 7-11

Lesejahr C:

1. Lesung:	Jes 42, 5a. 1-4. 6-7
	(oder Jes 40, 1-5. 9-11*)*
2. Lesung:	Apg 10, 34-38
	(oder Tit 2, 11-14; 3, 4-7*)*
Evangelium:	Lk 3, 15-16. 21-22

Mit dem Fest der Taufe des Herrn endet die Weihnachtszeit,
und es beginnt dann wieder die „Zeit im Jahreskreis".

Jesus wurde nicht als Kind getauft.

Die Taufe steht am Beginn seines öffentlichen Wirkens,[49]
„Jesus war etwa dreißig Jahre alt"[50].

Wir sind also schon sehr weit von der Krippe entfernt,
erkennen aber doch den inneren Bezug zum Weihnachtsfest:

Gott offenbart seinen Sohn.

Vor der Geburt war es der Engel Gabriel,
der den „Sohn des Höchsten"[51],
den „Sohn Gottes"[52], angekündigt hatte.

Beim Tod bekennt der Hauptmann:

„Wahrhaftig, das war Gottes Sohn!"[53]

Bei der Taufe aber kommt das Bekenntnis von höchster Autorität.
Gott selbst verkündet Jesus als seinen Sohn:

„Das ist mein geliebter Sohn,
an dem ich Gefallen gefunden habe."[54]

---

[49] vgl. Lk 3; KKK 1223

[50] Lk 3, 23; vgl. Gnilka J., Jesus von Nazaret. Botschaft und Geschichte. Herders theologischer Kommentar zum Neuen Testament. Supplementband III, Freiburg 1990, 78

[51] Lk 1, 32

[52] Lk 1, 35

[53] Mt 27, 54; vgl. Mk 15, 39

[54] Mt 3, 17; Lesejahr B: „Du bist mein geliebter Sohn, an dir habe ich Gefallen gefunden." *(Mk 1, 11; Lk 3, 22)*; Lesejahr C: „Du bist mein geliebter Sohn, an dir habe ich Gefallen gefunden." *(Lk 3, 22)*

Gott, der Vater, bekennt sich zu seinem Sohn.

Er stimmt zu, daß Jesus die Taufe des Johannes würdigt,
daß er sich anstellt mit den Sündern -
freilich ohne selbst Sünder zu sein[55] -
und sich taufen läßt.

So will Gott seinen Sohn haben: als Mensch unter Menschen,
an der Seite derer, die bekennen, Sünder zu sein.[56]

Jesus heiligt die Taufe des Johannes, indem er sie empfängt.

Auch er ruft die Menschen zu Buße und Umkehr.[57]

Auf ihn hat Johannes hingewiesen:

„Nach mir kommt einer, der stärker ist als ich.
Ich habe euch nur mit Wasser getauft,
er aber wird euch mit dem Heiligen Geist taufen.“[58]

Das ewige Leben erwirkt nicht das Wasser des Jordan.
Vom Kreuz her wird die Erlösung geschenkt, wo es heißt:

„Blut und Wasser strömten aus seiner Seite.“[59]

Wir alle haben durch die Taufe Anteil,
sind nicht nur Geschwister von Jesus,
wir sind Glied an seinem Leib - am Leib dessen,
der für uns gestorben und auferstanden ist.

---

[55] vgl. MB 505
[56] vgl. Hebr 4, 15
[57] vgl. Mk 1, 15
[58] vgl. Mk 1, 7f
[59] Joh 19, 34; vgl. KKK 1225

Uns allen gilt die „Stimme aus dem Himmel“[60]:

„Du bist mein geliebter Sohn,
du bist meine geliebte Tochter.“[61]

Wird Gott aber auch an uns Gefallen finden?[62]

Leben wir also, wie es Gott gefällt:
bemüht um Liebe - in Einheit mit Christus,
wie es auch der Würde des Menschen entspricht.

Amen.

---

[60] Lk 3, 22
[61] vgl. Lk 3, 22
[62] vgl. Lk 3, 22

Gebet:

„Allmächtiger, ewiger Gott,
bei der Taufe im Jordan
kam der Heilige Geist
auf unseren Herrn Jesus Christus herab,
und du hast ihn
als deinen geliebten Sohn geoffenbart.
Gib, daß auch wir,
die aus dem Wasser und dem Heiligen Geist
wiedergeboren sind,
in deinem Wohlgefallen stehen
und als deine Kinder
aus der Fülle dieses Geistes leben.
Darum bitten wir durch Jesus Christus.“[63]

---

[63] MB 72

Gebetswoche für die Einheit der Christen - Ökumene

1. Lesung: Ez 37, 15-19. 21b-22. 26-28
2. Lesung: 1 Kor 1, 10-13
Evangelium: Joh 17, 1a. 6. 15. 18. 21

Im ersten Monat eines neuen Jahres beten wir immer bewußt
um die Einheit der Christen.

Ist es ein Zufall, daß dieses Gebet an die Weihnachtszeit anschließt?

Oder ist es folgerichtig eine Antwort darauf,
eine notwendige Weiterführung und Anwendung dessen,
was wir von einem großen himmlischen Heer gehört haben:

*„Verherrlicht ist Gott in der Höhe
und auf Erden ist Friede
bei den Menschen seiner Gnade.“*[64]

Die Fleischwerdung des göttlichen Wortes
soll sich nicht nur vor etwa 2000 Jahren ereignet haben.

Sie geschieht auch heute durch uns Christen,
wenn wir das göttliche Wort weitersagen -
weiterleben, verwirklichen, in die Tat umsetzen.

Unglaubwürdig aber ist unser Zeugnis,
wenn wir einen „zerteilten“ Christus darstellen,
wie Paulus im Korintherbrief veranschaulicht hat.[65]

Was die Engel zum Weihnachtsfest verkündet haben,
macht sich auch Jesus zum Inhalt seines Gebetes.

Er betet um Verherrlichung und Einheit.[66]

---

[64] Lk 2, 14
[65] vgl. 1 Kor 1, 13; UR 1
[66] vgl. Joh 17, 1-26; Thüsing W., Herrlichkeit und Einheit. Eine Auslegung des Hohepriesterlichen Gebets Jesu (Johannes 17), Münster ^{2}1975

Durch die Verkündigung seines Wortes
- die Bekanntmachung seines Namens[67] -
geschieht Verherrlichung des Vaters und des Sohnes.
Gott wird geehrt, und die Frohe Botschaft wird den Menschen zum Heil.

Die Einheit unter denen, die verkünden,
ist Voraussetzung für deren Glaubwürdigkeit.[68]

Das gemeinsame Gebet um Einheit
ist bereits eine Verwirklichung des Weges zueinander -
und wird sicher zum Segen für die Verkündigungsarbeit
im Weinberg des Herrn.

Die verschiedenen christlichen Kirchen
sind in Wahrheit nur die eine gemeinsame Kirche:
die Kirche Jesu Christi.[69]

In ihr zugegen ist das Wesen Gottes: Liebe.[70]

Das entspricht der Wahrheit nur in der Einheit,
die auch Verschiedenheit zuläßt.

Denn Liebe ereignet sich in der Beziehung,
im Austausch, in der Anerkennung des anderen
in seiner Verschiedenheit und Eigenständigkeit ...

Wie zwei oder drei - in seinem Namen versammelt - erfahren,
daß der Herr mitten unter ihnen ist,[71]
so ereignet sich die ***eine*** Kirche, das ***eine*** Gottesvolk,
wenn verschiedene Konfessionen
- verschiedene Kirchen der eigentlich nur einen Kirche -
heute und in dieser Woche - und darüber hinaus -
nicht gegeneinander, sondern miteinander beten.

Amen.

---

[67] vgl. Joh 17, 6
[68] vgl. Joh 17, 21
[69] vgl. UR 1-3
[70] vgl. 1 Joh 4, 8. 16; KKK 214; 218-221; 231; 257; 733; 1604; 2331; FC 11
[71] vgl. Mt 18, 20

Gebet:

„Allmächtiger Gott.
du führst zusammen, was getrennt ist,
und bewahrst in der Einheit,
was du verbunden hast.
Schau voll Erbarmen auf alle,
die durch die eine Taufe geheiligt sind
und Christus angehören.
Mache sie eins durch das Band
des Glaubens
und der geschwisterlichen Liebe.
Darum bitten wir durch Jesus Christus.“[72]

[72] vgl. MB 1040

Darstellung des Herrn

1. Lesung: Mal 3, 1-4
2. Lesung: Hebr 2, 11-12. 13c-18
Evangelium: Lk 2, 22-40

Jesus war - menschlich gesehen - ein Jude,
er ist in einer jüdischen Familie aufgewachsen,
und wir verdanken unseren Erlöser
nicht nur dem Wirken des Heiligen Geistes,
auch der Zustimmung einer jüdischen Frau,
die in ihrer Gottverbundenheit
ein JA zum Willen des Vaters gesagt hat.[73]

Als Christen sind wir mit den Vorschriften,
die im heutigen Evangelium genannt wurden,[74]
nicht mehr vertraut.

Wir bringen keine „Turteltäubchen“[75] und kein Reinigungsopfer[76] dar,
wir weihen keine Erstgeburt.[77]

Aber wir geben unser Opfer,
und Christen bringen ihr Kind zur Taufe.

Der bleibende Wert des heutigen Evangeliums
ist das Bekenntnis des Simeon:

„Meine Augen haben das Heil gesehen!“[78] -
„Der Herr ist mein Licht und mein Heil!“[79]

Und nicht nur „***meines***“!

---

[73] vgl. Lk 1, 38
[74] vgl. Lk 2, 22-24. 27
[75] vgl. Lk 2, 24
[76] vgl. Lk 2, 22
[77] vgl. Lk 2, 23
[78] vgl. Lk 2, 30
[79] GL 181 (Nr. 90/1)

Jesus ist das Licht zur Erleuchtung der Heiden:[80]

Er ist Heil für alle Welt,
für alle Völker,[81]
für die gesamte Schöpfung.

Amen.

[80] vgl. Lk 2, 32
[81] vgl. Mt 28, 19

Gebet:

„Allmächtiger Gott,
dein Sohn
hat unsere menschliche Natur angenommen
und wurde am heutigen Tag im Tempel dargestellt.
Läutere unser Leben und Denken,
damit wir mit reinem Herzen vor dein Antlitz treten.
Darum bitten wir durch Jesus Christus.“[82]

[82] vgl. MB 622

Aschermittwoch

1. Lesung: Joel 2, 12-28
2. Lesung: 2 Kor 5, 20 - 6, 2
Evangelium: Mt 6, 1-6. 16-18

*„Bedenke, Mensch, daß du Staub bist
und wieder zum Staub zurückkehren wirst."*[83]

Das Glück kommt nicht erst danach.

Zum Glück des Menschen gehört auch die Vergänglichkeit,
die Begrenztheit seines Lebens.

- Unser Leben ist einmalig, ein kostbares Gut. -

Wir glauben an einen Gott,
der den Tod nicht wollte,[84]
auch nicht das Leid.

Und trotzdem hat er diese traurige Realität
für sich selber erwählt:

Er hat keinen Bogen gemacht um den Tod.
Er ist seiner Verurteilung nicht ausgewichen.

Von Jesus können wir lernen,
Leid und Tod anzunehmen
- und zu vergeben,
wie er das vor seinem Tod getan hat.[85]

In Gemeinschaft mit Christus
nehmen wir die Vergänglichkeit des Lebens an,
weil sie einen Sinn hat: ein Ziel.

[83] MB 79; vgl. Gen 3, 19
[84] vgl. Weish 1, 13; 2, 23f; Ez 18, 23. 32
[85] vgl. Lk 23, 34

Wir glauben,
daß jedes Glück der Vergangenheit
wieder Gegenwart wird
in Gottes Herrlichkeit.

In dieser Zuversicht vertrauen wir unser Leben
- auch unsere Vergänglichkeit - Gott an.

Jesus hat uns versichert:

„Wer an ihn glaubt,
hat („in ihm“[86]) das ewige Leben“.[87]

Amen.

---

[86] Joh 3, 15
[87] vgl. Joh 3, 15f; 3, 36; 5, 24; 6, 47; 11, 25; 20, 31; 1 Joh 5, 13

Gebet:

„Getreuer Gott,
im Vertrauen auf dich
beginnen wir
die vierzig Tage der Umkehr und Buße.
Gib uns die Kraft zu einem christlichen Leben,
damit wir dem Bösen absagen
und mit Entschiedenheit das Gute tun.
Darum bitten wir durch Jesus Christus.“[88]

[88] vgl. MB 77

Verkündigung des Herrn

1. Lesung: Jes 7, 10-14
2. Lesung: Hebr 10, 4-10
Evangelium: Lk 1, 26-38

Der Engel Gabriel kommt zu Maria
und verkündet die Frohe Botschaft,
daß Maria die Mutter Jesu werden soll,
daß sie von Gott erwählt ist,
durch sein Kommen „Pforte des Himmels“[89] zu werden.[90]

Maria ist zurecht Mutter und Königin der Glaubenden,
der Kirche,[91] eines jeden Christen;[92] sie ist sozusagen “Prototyp“[93],
die Sinngestalt, das Idealbild eines Menschen,
der in der Christusnachfolge bewußt eine Zustimmung sagt
zum Willen des Vaters[94] und damit zu seiner Berufung.[95]

Im „Engel des Herrn“[96] beten wir immer wieder:

„Siehe, ich bin die Magd des Herrn;
mir geschehe nach deinem Wort.“[97]

Hier haben wir uns im Gebet die Worte Mariens zu eigen gemacht,
wie Jesus uns auch im „Vater unser“[98] zu beten gelehrt hat:
„dein Wille geschehe“[99].

---

[89] GL 739 (Nr. 769/5)
[90] vgl. Groer H. H., Die Rufe von Loreto, Wien 1987, 149-151
[91] vgl. KKK 963-975
[92] vgl. Marialis cultus 21
[93] vgl. LG 53; 63
[94] vgl. Mt 12, 50; Mk 3, 35; Lk 8, 21; Joh 15, 14
[95] vgl. Lev 11, 44; 19, 2; 20, 26; Mt 5, 3-12. 48; Lk 6, 36; Joh 17, 24; Röm 8, 28f; 1 Kor 13, 12; Eph 1, 3-14; 2, 4-10; Kol 1, 20; 3, 1-3; 1 Thess 4, 13-18; 5, 9; 2 Thess 2, 14; 1 Tim 2, 4; 1 Petr 1, 9. 15f; 1 Joh 3, 2f; KKK 1; 16; 27; 31; 44f; 68; 74; 163; 229; 260; 265; 299; 308; 321; 353; 356f; 367; 442-446; 773; 1024; 1604; 1699f; 1703; 1710f; 1715-1721; 1726; 1877f
[96] GL 21 (Nr. 2/7)
[97] GL 21 (Nr. 2/7); vgl. Lk 1, 38; KKK 144; 148f; 494; 511; 2677
[98] vgl. Mt 6, 9-15; Lk 11, 2-4; MB 512; 515; KKK 2759; GL 20 (Nr. 2/4)
[99] Mt 6, 10; MB 512; 515; vgl. KKK 2822-2827; 2860; GL 20 (Nr. 2/4)

Maria hat durch ihre Zustimmung unendlich viel Heil
nicht nur in sich aufgenommen,[100]
sondern auch an diese Welt weitergegeben.[101]

Jeder Mensch soll Tempel des Heiligen Geistes sein,[102]
eine Wohnstatt Gottes,[103] und Heil in diese Welt bringen,
Werkzeug seines Friedens sein,[104]
Bote des Gottesreiches,
Künder der Frohen Botschaft.[105]

Wir tun uns oft schwer, den Willen Gottes zu erkennen,
wir können auch nicht in die Zukunft schauen,
um richtig zu entscheiden.

Auch Maria konnte dies nicht,[106]
auch sie hatte ihr „Problem", ihren Zweifel:

„Wie soll das geschehen, da ich keinen Mann erkenne?"[107]

Die Antwort des Engels ist ebenso für uns
eine Frohe Botschaft:

„Für Gott ist nichts unmöglich."[108]

Nichts soll uns hindern im Vertrauen auf Gott,[109]
daß er alles zum Guten führt und sich um uns sorgt,[110]
und letztlich ***ER*** in unserem Leben die Weichen stellt.

---

[100] vgl. Lk 1, 28. 30. 32f. 35. 42. 45
[101] vgl. Lk 1, 39-44; 2, 10f. 14. 30-32. 34
[102] vgl. 1 Kor 3, 16f
[103] vgl. Joh 14, 23; 17, 21-26; Röm 5, 5; 8, 9-11; 1 Kor 6, 19; Eph 3, 17; KKK 257-260; 265; 733-747; 989; 1279; 1415; 2565; Schönborn C., „Jesus Christus - Unser Leben". Fastenhirtenbrief 1997, Wien 1997, 3
[104] vgl. GL 71 (Nr. 29/6)
[105] vgl. Mt 11, 4f; Lk 7, 22f; 9, 60; 10, 9; KKK 897-913; 940-942
[106] vgl. Lk 1, 34; 2, 33
[107] Lk 1, 34
[108] vgl. Lk 1, 37
[109] vgl. Röm 8, 35-39
[110] vgl. Mt 6, 25-33; Phil 4, 6

Ist uns der Blick in die Zukunft verwehrt,
sind unsere Augen oft „mit Blindheit geschlagen"[111],
so ergeht es uns tatsächlich wie den Jüngern
auf dem Weg nach Emmaus:[112]

Erst im nachhinein erkennen sie,
daß es Jesus war, der da mit ihnen unterwegs war.[113]

So können auch wir erst in der Rückschau mit Sicherheit sagen,
welchen Weg uns Gott durch das Leben geführt hat,
wie alles im Leben Gottes Wille war
und einer höheren Berufung entsprochen hat.

Trotzdem sind wir, und müssen wir immer wieder auf der Suche sein:
Was ist der Wille Gottes, meine Berufung, meine Aufgabe im Leben?

Leider kommt zu uns nicht so ein Engel,
wie damals zu Maria, der alles klar und deutlich sagt;
aber gibt es nicht doch viele „verborgene" Stimmen:
den Rat eines Freundes, die Stimme des Gewissens;[114]
und ist uns nicht allen diese hohe Begabung geschenkt,
„im Herzen zu erwägen"[115], was gut und richtig ist?

Die Botschaft Gottes hören wir auch
aus dem Wort der Heiligen Schrift.[116]

Es ist nicht das Wort eines Engels,
es ist mehr noch:
„Wort des lebendigen Gottes"[117],
Frohe Botschaft unseres Herrn Jesus Christus.[118]

---

[111] vgl. Lk 24, 16
[112] vgl. Lk 24, 13-35
[113] vgl. Lk 24, 31f
[114] vgl. KKK 1776-1802
[115] vgl. Lk 1, 29; 2, 19; Gal 4, 6; Röm 2, 15; 5,5; 8, 27; 10, 8; Eph 1, 18; 3, 17; 1 Thess 3, 13; 1 Tim 1, 5; 1 Petr 3, 15 1 Joh 3, 20; Offb 17, 17
[116] vgl. 1 Thess 2, 13; vgl. KKK 101-104; 135
[117] MB 334
[118] vgl. MB 337

Das Wort der Heiligen Schrift soll wirklich in die Zukunft weisen,
wie wir dem Willen Gottes entsprechen.

Die Kirche erkennt in Maria ihr „Urbild“[119],
weil sie, auf das Wort Gottes hörend,
sich dem Willen Gottes unterordnet und verpflichtet weiß.

Zugleich vermag sie auch der Engel zu sein,
der die Frohe Botschaft verkündet und hilft,
nach der Weisung Gottes das Leben zu gestalten.[120]

Und jeder, der versucht, ein liebender Mensch zu sein,
entdeckt in sich die Quelle des ewigen Lebens;[121]
er darf dankbar erkennen, daß „die Kraft des Höchsten“[122]
auch ihn überschattet.

Das heutige Fest bestärkt uns in der demütigen Haltung Mariens,
ganz einfach zu beten:

„Ja, Herr, dein Wille geschehe,
mir geschehe nach deinem Wort.“[123]

Unser Leben, „Gott überantwortet“[124],
hat sicher eine gute Zukunft vor sich.

Amen.

---

[119] vgl. MB 751; MBM 158-175 (Nr. 25-27); LG 53; 63-65; 68; KKK 507; 967; 972; 1368; 2679
[120] vgl. KKK 888-892
[121] vgl. Joh 4, 14
[122] Lk 1, 35
[123] vgl. Mt 6, 10; Lk 1, 38; MB 512; 515; KKK 2822-2827; 2860; GL 20 (Nr. 2/4); 21 (Nr. 2/7)
[124] KKK 945

Gebet:

„Heiliger Gott,
dein Wort hat Fleisch angenommen
aus dem Schoß der seligen Jungfrau Maria,
wie ihr der Engel verkündet hat.
Darum verehren wir sie gläubig
als wahre Gottesmutter.
Höre auf ihre Fürsprache
und schenke allen Völkern
das Heil in Jesus Christus,
deinem Sohn, unserem Herrn und Gott,
der in der Einheit des Heiligen Geistes
mit dir lebt und herrscht in alle Ewigkeit.“[125]

---

[125] vgl. MBM 11

Palmsonntag

Lesejahr A:

Evangelium vom Einzug Jesu in Jerusalem: Mt 21, 1-11

1. Lesung: Jes 50, 4-7
2. Lesung: Phil 2, 6-11
Evangelium (Passion): Mt 26, 14 - 27, 66
oder Mt 27, 11-54

Lesejahr B:

Evangelium vom Einzug Jesu in Jerusalem: Mk 11, 1-10
oder Joh 12, 12-16

1. Lesung: Jes 50, 4-7
2. Lesung: Phil 2, 6-11
Evangelium (Passion): Mk 14, 1 - 15, 47
oder Mk 15, 1-39

Lesejahr C:

Evangelium vom Einzug Jesu in Jerusalem: Lk 19, 28-40

1. Lesung: Jes 50, 4-7
2. Lesung: Phil 2, 6-11
Evangelium (Passion): Lk 22, 14 - 23, 56
oder Lk 23, 1-49

Die Feier der Liturgie ist nicht nur Erinnerung.

Unser Leben wird neu hineingenommen
in die Wirklichkeit von Tod und Auferstehung.

Wie das Kreuz überall zugegen ist, wo Menschen einander verletzen,
wo Leid, Krankheit und Tod das Leben bedrohen,
so leben wir auch in der Gegenwart des auferstandenen Christus.

„Ihr seid mit Christus auferweckt“[126]*!*

Schon heute wissen wir um diese Verkündigung des Ostersonntags.

Wir denken an den Tod Jesu - und gehen unseren Lebensweg -
in der Gewißheit der Auferstehung.

Tod und Auferstehung sind zugegen nicht nur in der Feier
der Eucharistie - in den Sakramenten der Kirche.

In uns selber ereignet sich Erlösung - Gottes Gegenwart -
als Geschenk, als Gottesgabe - in LIEBE.

Das Geschehen der kommenden Woche soll uns bewußtmachen,
daß der Weg der Hingabe Jesu auch der unsere sein soll.

Jeder ist dazu berufen, für andere ein Segen zu sein,
sein Leben - und auch Sterben - einzubringen
in die Geschichte einer Schöpfung,
die durchdrungen ist von ihrem Ziel: von Gott.

Amen.

---

[126] Kol 3, 1

Gebet:

„Allmächtiger, ewiger Gott,
deinem Willen gehorsam,
hat unser Erlöser Fleisch angenommen,
er hat sich selbst erniedrigt
und sich unter die Schmach des Kreuzes gebeugt.
Hilf uns,
daß wir ihm auf dem Weg des Leidens folgen
und an seiner Auferstehung Anteil erlangen.
Darum bitten wir durch ihn, Jesus Christus.“[127]

---

[127] MB [8]

Gründonnerstag

1. Lesung: Ex 12, 1-8. 11-14
2. Lesung: 1 Kor 11, 23-26
Evangelium: Joh 13, 1-15

I.

Jesus hat das Abendmahl gefeiert „am Abend vor seinem Leiden“[128].
In der Liturgie wird heute eingefügt: Und „das ist heute[129]“!

Was damals geschehen ist, wird heute, hier und jetzt,
lebendige Wirklichkeit.[130]

Jesus sagt auch zu uns:

„Ich habe mich sehr danach gesehnt,
vor meinem Leiden dieses Paschamahl
mit euch zu essen.“[131]

II.

Einigen Gemeindemitgliedern werden die Füße gewaschen.
Es sind Männer und Frauen, Kinder und Senioren.

Sie vertreten die Apostel von damals
und die Gemeinde von heute.

Die Fußwaschung versinnbildlicht,
was Jesus getan hat,
und was uns allen aufgetragen ist,
besonders dem Gemeindeleiter, dem Pfarrer,
aber auch allen,
die in dieser Gemeinde etwas mit verantworten:

---

[128] vgl. MB 472; MBKO 224; 271
[129] MBKO 224; 271
[130] vgl. KKK 774; 1085; 1165
[131] Lk 22, 15

„Wer bei euch groß sein will,
(der) soll euer Diener sein."[132]

Wir alle sollen in der Gemeinschaft der Kirche
mit- und füreinander da sein.

Zu allen sagte Jesus:

„Ich habe euch ein Beispiel gegeben,
damit auch ihr so handelt,
wie ich an euch gehandelt habe."[133]

II.

Jesus wäscht seinen Jüngern die Füße
nicht nur als Mensch - damit die Füße sauber sind.

Er setzt sein Zeichen ebenso als Gott.

Uns allen - jedem persönlich - sagt er in der Tat:

Ich bin an dir ein Diener,
der „Immanuel"[134],
der Gott, der für dich da ist.[135]

Fügt Jesus beim Abendmahl hinzu:
„Tut dies zu meinem Gedächtnis!"[136],
so schreibt der Apostel Johannes
in seinem ersten Brief sehr folgerichtig:

„Wenn Gott uns so geliebt hat,
müssen auch wir einander lieben."[137]

Amen.

---

[132] vgl. Mk 9, 35; Mt 20, 26; 23, 11; Mk 9, 35; Lk 9, 48
[133] Joh 13, 15
[134] Jes 7, 14; Mt 1, 23; vgl. KKK 497; 712; 744
[135] vgl. Mt 1, 23
[136] Lk 22, 19; vgl. 1 Kor 11, 25; MB 473; 485; 495; 507; KKK 1341-1344
[137] vgl. 1 Joh 4, 11

Gebet:

„Allmächtiger, ewiger Gott,
am Abend vor seinem Leiden
hat dein Sohn
der Kirche
das Opfer des Neuen und Ewigen Bundes anvertraut
und das Gastmahl seiner Liebe gestiftet.
Gib, daß wir durch ihn
die Fülle des Lebens und der Liebe empfangen.
Darum bitten wir durch Jesus Christus.“[138]

[138] vgl. MB [23]

Karfreitag

1. Lesung: Jes 52, 13 - 53, 12
2. Lesung: Hebr 4, 14-16; 5, 7-9
Evangelium: Joh 18, 1 - 19, 42

Immer wieder erinnern wir uns an die Verstorbenen,
wir haben sie nicht vergessen.

Wir trauern -
und erfahren in Trauer, daß wir geliebt haben
- und noch immer lieben, über den Tod hinaus -
dankbar für viele gute Menschen,
die zur eigenen Lebensgeschichte gehören.

Am heutigen Tag erinnern wir uns an Jesus.

Wir gedenken seines Todes,
weil wir uns nicht nur heute mit ihm verbunden wissen.

Jesus Christus ist die eigentliche und wahre
Identität eines jeden Christen.

Und in der Feier seines Todes erschließt sich uns neu
die Bedeutung seiner Auferstehung.

Gott hat uns im Tod Jesu seine Liebe erwiesen,
damit auch wir im Leben einander Liebe erweisen.

Die Liebe zu Gott und die Verbundenheit in der Feier
erfahren wir nicht nur heute in der Trauer,
vielmehr noch jeden Tag - unser ganzes Leben -
in der Kraft und Gegenwart des Auferstandenen.

Die Feier des Abendmahles mit der Fußwaschung
hat uns gestern gelehrt, einander Diener,
in der Liebe füreinander da zu sein.

Auch das Kreuz, der Tod Jesu ist eine Botschaft an uns:

Du bist geliebt. - Du bist aber auch dazu berufen,
gegen das Kreuz - gegen das Leid in der Welt - etwas zu tun.

Vieles muß man geduldig annehmen,
nach dem Beispiel und in der Kraft Jesu ertragen.

Es gilt aber auch, in Wort und Tat im Sinne Jesu zu handeln,
etwas zu verändern, Lieblosigkeit mit Liebe zu beantworten.

Jesus hat in der Liebe den Tod überwunden.

Er gibt uns die Zusage:

„Wer sein Leben verliert, wird es gewinnen."[139]

Und der Apostel Paulus bestärkt uns:

„Sind wir mit Christus gestorben,
so werden wir auch mit ihm leben."[140]

Amen.

[139] vgl. Mt 10, 39; 16, 25; Mk 8, 35; Lk 9, 24; Joh 12, 25
[140] vgl. Röm 6, 8; Kol 3, 3; 2 Tim 2, 11

Gebet:

„Gedenke, Herr, der großen Taten,
die dein Erbarmen gewirkt hat.
Schütze und heilige alle,
für die dein Sohn
Jesus Christus
sich hingegeben hat.
Er, der mit dir lebt und herrscht in alle Ewigkeit.“[141]

[141] vgl. MBKO 65

Die Feier der Osternacht

Lesejahr A:

1. *(= 1.)* Lesung: Gen 1, 1 - 2, 2
2. *(= 3.)* Lesung: Ex 14, 15 - 15, 1
3. *(= 7.)* Lesung: Ez 36, 23-28

Epistel: Röm 6, 3-11
Evangelium: Mt 28, 1-10

Lesejahr B:

1. *(= 1.)* Lesung: Gen 1, 1 - 2, 2
2. *(= 3.)* Lesung: Ex 14, 15 - 15, 1
3. *(= 7.)* Lesung: Ez 36, 23-28

Epistel: Röm 6, 3-11
Evangelium: Mk 16, 1-7

Lesejahr C:

1. *(= 1.)* Lesung: Gen 1, 1 - 2, 2
2. *(= 3.)* Lesung: Ex 14, 15 - 15, 1
3. *(= 7.)* Lesung: Ez 36, 23-28

Epistel: Röm 6, 3-11
Evangelium: Lk 24, 1-12

Was sich in der heutigen Nacht ereignet, wird in einen
großen Zusammenhang von Heilsgeschichte hineingestellt -
von der Schöpfung bis hin zur Fülle von Leben in Gott.

Unser Leben ist hineingenommen in die ***Schöpfungs***-geschichte
und auch in die ***Heils***-geschichte.

Jedes Menschenleben ist nicht nur ein Ablauf der Natur,
noch dazu mit einem „Ablaufdatum" versehen,
wir leben nicht nur auf den Tod hin.

Als Geschöpf eines uns liebenden Gottes
ereignet sich in uns auch ***Über***-natur,
ist Gott in unserem Leben Gegenwart
- besonders durch die Gemeinschaft mit Christus!

Gott, der Vater, hat sich angenommen um sein Volk,
er hat es aus der Gefangenschaft zur Freiheit geführt.

Viele Bilder sind uns gegeben, die uns erschließen,
was Jesus bedeutet:

Er führt uns aus dem Bereich des Todes zum Leben.
Seine Liebe eröffnet uns ewiges Leben.

„Wer nicht liebt, bleibt im Tod."[142]

Eine sehr interessante Feststellung, zu finden im Johannesbrief,
wo auch der vielleicht wichtigste Satz der Heiligen Schrift steht:

„Gott ist die Liebe"[143].

Sein Wesen ist der Urgrund aller Schöpfung.
In seiner Liebe führt er auch alles zum Ziel.

Und das gilt für jeden persönlich:
Dein Leben ist eine Heilsgeschichte.

---

[142] 1 Joh 3, 14

[143] 1 Joh 4, 8. 16; vgl. KKK 214; 218-221; 231; 257; 733; 1604; 2331; FC 11

Da ist eine Liebe, die dich auserwählt,
heute - hier und jetzt - zu leben.

Da ist eine Berufung, eine Aufgabe, eine Sendung.

Vertraue, daß Dein Leben, von Gott ausgegangen,
auf ihn wieder zugeht, zu ihm führt.

Ganz wichtig aber ist diese Erkenntnis:
Gott ist nicht nur „Anfang und Ende.“[144]

Jesus lebt, er ist auferstanden!
Er ist zugleich bei Gott, zugleich bei uns -
in uns Leben, Kraft und Liebe.

Wir sind mit Christus auferweckt,[145]
dazu berufen, in Freiheit Gottes Gegenwart zu <u>sein</u>.

Hoffnung, Liebe, Zuversicht - alles hat Zukunft!

Und auch das Vergangene wird heimgeholt - wird auferstehen -
in eine Zukunft, die für immer ***Gott*** bedeutet.

Jesus Christus hat uns eröffnet,
was der Mensch in der Liebe ersehnt.

Amen.

---

[144] vgl. Offb 1, 8; 21, 6
[145] vgl. Eph 2, 6; Kol 3, 1

Gebet:

„Gott,
du hast diese Nacht hell gemacht
durch den Glanz der Auferstehung unseres Herrn.
Erwecke in deiner Kirche den Geist der Kindschaft,
den du uns durch die Taufe geschenkt hast,
damit wir neu werden an Leib und Seele
und dir mit aufrichtigem Herzen dienen.
Darum bitten wir durch Jesus Christus.“[146]

---

[146] vgl. MB [92]

Hochfest der Auferstehung des Herrn - Ostersonntag

Lesejahr A:

1. Lesung:	Apg 10, 34a. 37-43
2. Lesung:	Kol 3, 1-4
	oder 1 Kor 5, 6b-8
Evangelium:	Joh 20, 1-9 *oder* Joh 20, 1-18 *oder* Mt 28, 1-10
	oder (bei einer Abendmesse:) Lk 24, 13-35

Lesejahr B:

1. Lesung:	Apg 10, 34a. 37-43
2. Lesung:	Kol 3, 1-4
	oder 1 Kor 5, 6b-8
Evangelium:	Joh 20, 1-9 *oder* Joh 20, 1-18 *oder* Mk 16, 1-7
	oder (bei einer Abendmesse:) Lk 24, 13-35

Lesejahr C:

1. Lesung:	Apg 10, 34a. 37-43
2. Lesung:	Kol 3, 1-4
	oder 1 Kor 5, 6b-8
Evangelium:	Joh 20, 1-9 *oder* Lk 24, 1-12
	oder (bei einer Abendmesse:) Lk 24, 13-35

Der Glaube kommt vom Hören.
Wir haben gehört, was andere bezeugen.

Niedergeschrieben wurde, was andere zuvor erlebt -
nicht nur gehört, vermutlich auch gesehen - haben.

Heute sind ***wir*** es, die nach einer langen Tradition angesprochen sind.
Heute wird es ***uns*** verkündet, damit auch ***wir*** es weitersagen:

Jesus ist von den Toten auferstanden.
Gott hat ihn auferweckt am dritten Tag.[147]
Jesus lebt.

Kommt der Glaube wirklich nur vom Hören?

Die ersten Zeugen haben ***gesehen***:
Sie haben Jesus gekannt, ihn erlebt, mit ihm gegessen und getrunken,[148]
zuletzt ist Jesus ihnen erschienen.

Ist Jesus nur die historische Persönlichkeit,
die damals gelebt hat, gestorben und auferstanden ist?

Ich meine, wir sind nicht nur auf die Zeugen von damals angewiesen!

Wir können aus der eigenen Erfahrung,
aus unserer eigenen Glaubens- und Lebensgeschichte bezeugen:
Jesus lebt.

Die Heilige Schrift ist nicht nur Information darüber,
was <u>andere</u> erlebt haben.

Sie hilft uns zu deuten, was damals geschah -
aber auch <u>wir heute</u> erfahren: Gottes Gegenwart,
sein Reich, sein Leben, sein Wirken, sein Wesen.

---

[147] vgl. Apg 10, 40
[148] vgl. Apg 10, 41

Im biblischen Sinn „tot“ ist der Mensch, der nicht liebt.

- *„Wer nicht liebt, bleibt im Tod.“*[149] -

Die Auferstehung Jesu berechtigt uns,
Liebe zu deuten als Gottes Gegenwart.

Im liebenden Menschen wohnt Gott.[150]

Die Worte der Heiligen Schrift bestätigen,
was wir selber im Leben und Lieben erfahren -
und sie geben Hoffnung - begründete Hoffnung,
was sich auch im Tod ereignet,
weil wir in der Liebe Ewigkeit erahnen, ersehnen -
und damit schon erfahren.

Wir feiern heute nicht nur, was andere uns überliefert haben.

Wir haben in der Frohbotschaft nicht nur gehört
eine Geschichte von damals. Nein:

Wir feiern Gottes Gegenwart, wir feiern, was ***wir heute***
dem Leben, Tod und Auferstehen Jesu -
und auch der Sendung seines Geistes - verdanken:

Daß er lebt - auch heute - in uns selber -
im Wesen des liebenden Menschen, in allem, was lebt ...

Und wir sind als Christen dazu berufen,
zur Gegenwart Gottes in dieser Welt - zum Reich Gottes -
beizutragen.

Der Glaube kommt nicht nur vom Hören.

---

149 1 Joh 3, 14
150 vgl. Joh 14, 23

Es kommt nicht nur darauf an, was wir bezeugen im Wort,
Gottes Gegenwart - Bekunden dessen, daß Jesus lebt -
geschieht auch in der Tat.

Die Heilige Schrift bekundet, daß Jesus auferstanden ist.

Es ist aber in Wahrheit die eigene Liebe,
die jedem selber bezeugt,
daß Gott in ihm lebt.

Amen.

Gebet:

„Allmächtiger, ewiger Gott,
am heutigen Tag
hast du durch deinen Sohn den Tod besiegt
und uns den Zugang zum ewigen Leben erschlossen.
Schaffe uns neu durch deinen Geist,
damit auch wir auferstehen
und im Licht des Lebens wandeln.
Darum bitten wir durch Jesus Christus.“[151]

---

[151] vgl. MB [110]

Hochfest der Auferstehung des Herrn - Ostermontag

1. Lesung: Apg 2, 14. 22-33
2. Lesung: 1 Kor 15, 1-8. 11
Evangelium: Lk 24, 13-35

I.

*„Wo zwei oder drei in meinem Namen versammelt sind,
da bin ich mitten unter ihnen."*[152]

Das haben die Jünger auf dem Weg nach Emmaus
tatsächlich erleben dürfen.

Sie waren zwar nicht ausdrücklich
„im Namen des Herrn"[153] versammelt,
aber sie haben über Jesus gesprochen,
über alles, was sich in Jerusalem ereignet hat.[154]

In ihrer Bedrücktheit ist Jesus zu ihnen gekommen,
aber sie erkannten ihn nicht.[155]

Auch unsere Augen sind oft „wie mit Blindheit geschlagen"[156].

Auf dem Weg durch das Leben gilt es,
viel mehr auf die Gegenwart des Herrn zu bauen,
zu vertrauen, daß er an unserer Seite mit uns geht.

II.

---

[152] vgl. Mt 18, 20
[153] vgl. Pauser G., Meine Gebete zur Heiligung des Tages, Wien 1990, 6; vgl. KKK 435; 2664; 2668; 2680
[154] vgl. Lk 24, 14
[155] vgl. Lk 24, 15f
[156] Lk 24, 16

Oft fällt es uns schwer, im Nächsten Christus zu sehen.

Daß der unbekannte Wanderer in Wahrheit aber Jesus ist,
erinnert an sein Wort:

*„Was ihr für einen meiner geringsten Brüder getan habt,
das habt ihr mir getan.“*[157]

III.

Immer wieder fasziniert die Erkenntnis der Jünger:

*„Brannte uns nicht das Herz in der Brust,
als er unterwegs mit uns redete“*[158]*?*

Für jeden Christen gilt: Christus erkennen, ist Sache des Herzens.[159]

Und wir beten schon jetzt in Vorbereitung auf das Pfingstfest:

*„Komm, Heiliger Geist, erfülle die Herzen deiner Gläubigen
und entzünde in ihnen das Feuer deiner Liebe.“*[160]

IV.

In jeder Eucharistie soll erlebbar werden,
was die Jünger damals beim Mahl erfahren haben.

Hatte schon das Erschließen der Heiligen Schrift
eine besondere Bedeutung auf dem Weg,[161]
so offenbart sich der Herr nun deutlich und klar
im Brechen und Geben des Brotes.[162]

---

[157] Mt 25, 45
[158] Lk 24, 32
[159] vgl. Lk 24, 32; Joh 21, 7; KKK 2500
[160] vgl. Die Betende Gemeinde. Gebet- und Gesangbuch der Erzdiözese Wien. Hrsg. v. Erzbischöflichen Ordinariat, Wien [21]1962, 345 (Nr. 169)
[161] vgl. Lk 24, 27
[162] vgl. Lk 24, 30f

Im Mahl geschieht innigste Vereinigung:
Jesus kehrt ein in die Gestalt eines jeden.

„Ich bin in meinem Vater, ihr seid in mir, und ich bin in euch.“[163]

Er will so sehr in uns wohnen,[164]
daß die Worte von Paulus immer mehr zur Wirklichkeit werden:

„Nicht mehr ich lebe,
sondern Christus lebt in mir“[165].

Amen.

---

[163] Joh 14, 20

[164] vgl. l. Joh 14, 23; 17, 21-26; Röm 5, 5; 8, 9-11; 1 Kor 6, 19; Eph 3, 17; KKK 257-260; 265; 733-747; 989; 1279; 1415; 2565; Schönborn C., „Jesus Christus - Unser Leben“. Fastenhirtenbrief 1997, Wien 1997, 3

[165] vgl. Röm 8, 10; Gal 2, 20; Kol 3, 3

Gebet:

„Barmherziger Gott,
durch die Feier von Ostern
erneuerst du unseren Glauben.
Laß uns immer tiefer erkennen,
welche Erlösung dein Sohn uns erwirkt hat.
Darum bitten wir durch ihn, Jesus Christus.“[166]

---

[166] vgl. MB 145

Weltgebetstag um geistliche Berufe

1. Lesung: 1 Sam 3, 1-10
2. Lesung: 1 Kor 12, 3b-7. 12-13
Evangelium: Mt 9, 35-38

Eine Ehe kann nur dann gelingen,
wenn ***die Liebe***
zwei Menschen zusammengeführt hat.

Ähnlich ist es im geistlichen Beruf,
daß eine Berufung nur in der Liebe möglich ist:
in der Liebe zur Sache,
in der Liebe zur Kirche,
in der Liebe zu Gott.

Geistliche Berufung besteht nicht im Wunsch, ein Hirte zu werden,
ein Chef, ein Leiter, gesellschaftlich gut dazustehen,
sie geschieht in der Liebe, die für alle Christen Gebot ist:

*„Du sollst den Herrn, deinen Gott, lieben
mit ganzem Herzen und ganzer Seele,
mit all deiner Kraft und all deinen Gedanken"*[167].

Ist diese Liebe wirklich das Fundament einer Berufung,
ist ein eheloses Leben kein Hindernis - im Gegenteil.

Die Liebe und Gottverbundenheit
soll voll und ganz Lebensinhalt sein.[168]

„Es gibt verschiedene Gnadengaben"
- Dienste und Charismen -
„„aber nur den einen Geist.[169]

Priester und Laien sollen ihr Leben in der Liebe gestalten.[170]

---

[167] Lk 10, 27; vgl. Dtn 6, 5; Mt 22, 37; Mk 12, 30; KKK 2055
[168] vgl. 1 Kor 7, 32-35; Mt 10, 37; 19, 29
[169] 1 Kor 12, 4
[170] vgl. Mt 22, 34-40; Mk 28-34; Lk 10, 25-28

Es gibt unterschiedliche Beziehungen,
Berufe und Berufungen, Verpflichtungen, Bindungen ...[171]

Die Kirche - der mystische Leib Jesu Christi[172] -
braucht Hände, Füße, kleine und große Finger,
die verschiedensten Glieder - und nicht nur „Köpfe".

Auch die Priester sind nicht nur erwählt zur „Leitung".

Gerade dem Priester gilt die Weisheit der Heiligen Schrift:

*„Wer der Erste sein will, soll der Letzte von allen
und der Diener aller sein."*[173]

Wenn wir um geistliche Berufe beten, dann nicht darum,
daß junge Menschen ein Amt der „Leitung" begehren,
es geht darum, daß sie, von der Liebe Gottes erfaßt,
voll und ganz in dieser Liebe ihre Erfüllung
und ihr ganzes Personsein erkennen.

Jesus hat den Petrus dreimal gefragt:

„Liebst du mich?"[174]

Dann erst hat er ihm ein Amt anvertraut,
ihn gesendet, für andere dazusein.

Amen.

---

[171] vgl. 1 Kor 7, 32-35
[172] vgl. Röm 12, 5; 1 Kor 10, 16f; 12, 13. 27; Eph 1, 22f; 5, 23. 30; Kol 1, 18. 24; KKK 737; 739; 747; 774; 779; 782; 787-798; 805-807; 809; 846; 958; 973; 1084; 1097; 1108; 1111; 1119; 1140; 1267; 1331; 1548; 1553; 1563
[173] Mk 9, 35; vgl. Mt 19, 30; 20, 16; Mk 10, 31; Lk 13, 30; 22, 26
[174] vgl. Joh 21, 15-17

Gebet:

„Herr, unser Gott,
du sorgst für dein Volk
durch die Hirten, die du ihm gibst.
Berufe auch in unseren Tagen
Männer und Frauen,
Priester und Laien,
die dem Altar dienen
und die Frohe Botschaft
glaubwürdig verkünden.
Darum bitten wir durch Jesus Christus.“[175]

[175] vgl. MB 1030; MB 1035

Maria - „Urbild und Mutter der Kirche“

Lesung: Offb 21, 1-5a
Evangelium: Lk 1, 26-38

Wir ehren Maria als „Urbild“[176]
und „Mutter der Kirche“[177].

Wir suchen Zuflucht und Schutz,
und erfahren in der mütterlichen Liebe,
daß wir von Gott geliebt,[178]
in ihm geborgen sind.

Sind wir im Gebet mit Maria vereint,[179]
so wissen wir uns eins in Christus,[180]
ist uns im Angesicht der Gottesmutter
die Gemeinschaft mit Gott geschenkt,
die Kraft Gottes im Heiligen Geist.[181]

Maria ist das „Urbild der Kirche“[182]
als „Braut des Heiligen Geistes“[183].

Sie bringt Christus zur Welt,[184]
sagt JA zum Willen des Vaters,[185]
macht sich auf den Weg,
um Freude, Frohe Botschaft zu bringen.[186]

---

[176] MB 751 ; KKK 967; vgl. MBM 158-175 (Nr. 25-27); LG 53; 63-65; 68; KKK 507; 967; 972; 1368; 2679
[177] KKK 963; 975; vgl. LG 53; 63; KKK 972f
[178] vgl. Eph 1, 5; Kol 3, 12; 1 Joh 3, 1; KKK 52; 176; 2560f; 2567
[179] vgl. Apg 1, 14; vgl. KKK 965
[180] vgl. Joh 17, 21-23; Röm 12, 5; 1 Kor 12, 12f
[181] vgl. Lk 1, 35; vgl. Apg 1, 8
[182] MB 751; KKK 967; vgl. MBM 158-175 (Nr. 25-27); LG 53; 63-65; 68; KKK 507; 967; 972; 1368; 2679
[183] GL 822 (Nr. 783/3); vgl. LG 64; KKK 507; 721-726; 2030
[184] vgl. Mt 1, 18-25; Lk 2, 1-20
[185] vgl. Lk 1, 38; KKK 144; 148f; 494; 511; 2677
[186] vgl. Lk 1, 39-56

Sie ist treu in der Christusnachfolge bis hin zum Kreuz,[187]
um dann auch Anteil zu haben an der Auferstehung des Herrn,
um gekrönt zu werden in der Herrlichkeit Gottes.[188]

Wir beten nicht nur für uns persönlich,
sondern auch und besonders für unsere Kirche,
das Volk Gottes, die Herde[189] des Guten Hirten,[190]
daß die Kirche wirklich immer mehr das werde,
worum wir in einem alten Marienlied die Gottesmutter bitten:

„Bitt, daß auf Erden werde, o Maria hilf!
Ein Hirt und eine Herde“[191].

Nur im steten Bemühen um die Einheit in der Kirche
können wir erfahren, was es heißt, eins zu sein in Christus.[192]

„Wenn ein Reich in sich gespalten ist,
kann es keinen Bestand haben.“[193]

Nur eine Kirche, die sich um Einheit bemüht,
ist eine glaubwürdige Kirche,
die Frohe Botschaft ist für diese Welt.[194]

Amen.

---

[187] vgl. Joh 19, 25-27; KKK 149
[188] vgl. MB 747-752. 756; LG 68; KKK 966; 969; 972; 974; GL 828-830 (Nr. 783/7)
[189] vgl. Mt 9, 36; Mk 6, 34; Lk 12, 32; Joh 10, 7-9. 11-16. 27-29; 21, 15-17; 1 Petr 2, 25; KKK 553; 754; 764; LG 6
[190] Joh 10, 11. 14; vgl. Hebr 13, 20; 1 Petr 2, 25; KKK 553; 754; 764; 1548; 1561; LG 6
[191] GL 931 (Nr. 840, 9. Strophe)
[192] vgl. Joh 17, 21-26; KKK 792f; 806f
[193] Mk 3, 24
[194] vgl. Joh 17, 21

Gebet:

„Herr und Gott,
du hast uns in der Jungfrau Maria
ein Beispiel inniger Liebe
und der Demut geschenkt.
Hilf deiner Kirche,
gleich ihr das Gebot der Liebe zu befolgen,
dir und dem Heil der Menschen zu dienen,
um für alle Völker
ein Werkzeug deiner Liebe zu sein.
Darum bitten wir durch Jesus Christus.“[195]

[195] vgl. MBM 165

Muttertag

1. Lesung:	Jes 49, 13-15
oder	Jes 49, 13b-15 *(Kurzfassung)*
oder	Jes 49, 13-15; 66, 13
oder	Jes 66, 10-14b
2. Lesung:	1 Kor 13, 1-8a
oder	Eph 5, 1a. 2a. 21. 25. 33; 6, 1-3
oder	Eph 6, 1-3 *(Kurzfassung)*
Evangelium:	Mt 12, 46-50
oder	Joh 15, 9-12
oder	Joh 19, 25-27

Oftmals beten wir im Hochgebet:

*„Wir danken dir, treuer Gott und barmherziger Vater
für deinen Sohn Jesus.*

*Sein Leben und seine Botschaft lehren uns,
daß du für deine Kinder sorgst - und sie liebst -
wie ein guter Vater und eine liebende Mutter."*[196]

Ich glaube, wir sollten dieses Wörtchen „***und***" nicht überhören:

Gott liebt uns „wie ein guter Vater ***und*** eine liebende Mutter"[197],
nicht wie Vater „***oder***" Mutter.

Gott vereint in sich alle väterliche, mütterliche,
freundschaftliche und auch geschwisterliche Liebe.

Er ist in sich die Vollendung und Fülle der nur ***einen*** Liebe,
die von ihm her jedes Menschenleben mit einschließt.

Es gibt nur diese ***eine*** Liebe: Gott.[198]

---

[196] vgl. MB. Hochgebet für Messen für besondere Anliegen IV. Jesus, der Bruder aller, 39f
[197] MB. Hochgebet für Messen für besondere Anliegen IV. Jesus, der Bruder aller, 39f
[198] vgl. 1 Joh 4, 8. 16; KKK 214; 218-221; 231; 257; 733; 1604; 2331; FC 11

Jede Liebe ist sein Wesen, das uns durchringt -
und jeden noch mehr von dieser Liebe ersehnen läßt.[199]

Für das ganze Leben bedeutsam
ist und bleibt die Liebe,
die wir durch Vater und Mutter
- durch unsere Eltern -
erfahren haben,
und die viele zum Teil noch erfahren.

Jesus hat uns gelehrt, Gott „Vater" zu nennen.

Wir beten „Vater unser"[200],
und nicht „Mutter unser".

Gott aber schenkt beides:
mütterliche und väterliche Liebe,
und wir danken am heutigen Tag
den Müttern und Vätern
für das Gottesbild, das sie vorgelebt
und in uns grundgelegt haben:
für die Liebe,
die unser menschliches Leben
zu einem göttlichen macht.

Amen.

---

[199] vgl. Grün A., Wenn du Gott erfahren willst, öffne deine Sinne, Münsterschwarzach 2000, 30
[200] vgl. Mt 6, 9-15; Lk 11, 2-4; MB 512; 515; KKK 2759; GL 20 (Nr. 2/4)

Gebet:

„Gott, unser Vater,
du hast uns durch deinen Sohn erlöst
und als deine geliebten Kinder angenommen.
Wir danken dir für deine mütterliche Liebe.
Sieh voll Güte auf alle,
die an Christus glauben,
und schenke ihnen die wahre Freiheit
und das ewige Erbe.
Darum bitten wir durch Jesus Christus.“[201]

---

[201] vgl. MB 172 (= MB 290)

Bittage

Lesung: 1 Tim 2, 1-6
Evangelium: Joh 16, 23b-24. 27-28
oder Mt 6, 26. 31-33

Immer wieder ermutigt uns die Heilige Schrift zum Bittgebet:

„Bittet, dann wird euch gegeben;
sucht, dann werdet ihr finden;
klopft an, dann wird euch geöffnet."[202]

„Alles, was zwei von euch auf Erden gemeinsam erbitten,
werden sie von meinem himmlischen Vater erhalten."[203]

Trotzdem kann Gott nicht alle Bitten erfüllen.

Er weiß bessere Lösungen als wir,
er führt zum Heil auf Wegen,
die uns unbekannt sind,
die wir oft nicht verstehen.

Die Heilige Schrift lehrt uns, nicht nur Wünsche zu sagen,
wir lernen richtig zu beten, wenn es nicht um uns selber
und um unsere eigenen Vorstellungen geht.

„Nicht mein, sondern dein Wille geschehe,"[204]
betet Jesus am Ölberg,
und er lehrt auch uns im „Vater unser"[205] so zu beten:

„Dein Reich komme, dein Wille geschehe."[206]

---

[202] Mt 7, 7; vgl. Lk 11, 9
[203] Mt 18, 19
[204] vgl. Mt 6, 10; 26, 39; Mk 14, 36; Lk 22, 42; MB 512; 515; KKK 606f; 612; 2822-2827; 2860; GL 20 (Nr. 2/4)
[205] vgl. Mt 6, 9-15; Lk 11, 2-4; MB 512; 515; KKK 2759; GL 20 (Nr. 2/4)
[206] vgl. Mt 6, 10; MB 512; 515; KKK 2816-2827; 2859f; GL 20 (Nr. 2/4)

Zuerst soll es uns um Gott gehen, um sein Reich,[207]
daß die Menschen zu ihm finden,
denn er allein weiß in Wahrheit,
was wir zum Leben brauchen,[208]
was für uns gut ist, was uns reifen läßt,
was uns zu wertvollen Menschen macht,
was uns formt und hinführt zur Liebe.

Jeder Mensch ist zur Liebe berufen,
und wir brauchen oft auch Enttäuschungen
als Erkenntnis,
daß erst in Gott unsere Wünsche,
unsere Hoffnungen und Bitten,
in Erfüllung gehen.

Daß wir in der richtigen Weise unser Leben gestalten,
daß uns zum Heil wird,
was uns widerfährt und auf uns zukommt,
darum beten wir.

---

[207] vgl. Mt 6, 33
[208] vgl. Mt 6, 32

Gebet:

„Gott, unser Vater,
alles Gute kommt allein von dir,
ohne dich vermögen wir nichts.
Erweise allen, die zu dir rufen, deine Liebe.
Halte fern, was uns schadet,
und gewähre, was uns zum Heil dient.
Darum bitten wir durch Jesus Christus."[209]

[209] vgl. MB 273

Christi Himmelfahrt

Lesejahr A:

1. Lesung:	Apg 1, 1-11
2. Lesung:	Eph 1, 17-23
Evangelium:	Mt 28, 16-20

Lesejahr B:

1. Lesung:	Apg 1, 1-11
2. Lesung:	Eph 1, 17-23
Evangelium:	Mk 16, 15-20

Lesejahr C:

1. Lesung:	Apg 1, 1-11
2. Lesung:	Eph 1, 17-23
Evangelium:	Lk 46-53

I.

Die Himmelfahrt Jesu ist eine Heimkehr.
Jesus kehrt zurück zu dem, der ihn gesandt hat.

So schließt sich der Kreis seiner Sendung:
Jesus findet zur Vollendung in der Herrlichkeit des Vaters.[210]

Auch wir werden in der Heimkehr zum Vater
das eigentliche Glück des Lebens erst finden;
der letzte Sinn und die Fülle des Lebens
ist uns verborgen in der Zukunft.

Auch wenn Jesus heimgekehrt ist zu Gott, dem Vater,
so hat er diese Welt *(dennoch)* nicht verlassen.

Das kommende Pfingstfest soll uns bewußt machen,
daß Jesus zugegen ist durch die Gabe des Heiligen Geistes.

Jesus hat uns zugesichert, daß er überall dort ist,
wo Menschen in seinem Namen versammelt sind.[211]

II.

Der Himmel ist nicht nur bei Gott,
der Himmel ist auch unter den Menschen,
bei allen, die das Wesen Gottes verwirklichen,
die sich öffnen und ihr Leben
in den Dienst der Liebe und der Wahrheit stellen.

Auch nach dem Fest Christi Himmelfahrt gilt Jesu Wort:

„Das Reich Gottes ist mitten unter euch.“[212]

[210] vgl. Joh 16, 5. 28; 17, 5; Eph 4, 8-18; Phil 2, 6-11; KKK 660f
[211] vgl. Mt 18, 20
[212] Lk 17, 21

Der unendliche Gott, unendlich fern,
ist zugleich zum Greifen nahe:

*„Seid gewiß: Ich bin bei euch
alle Tage bis zum Ende der Welt.“*[213]

III.

Himmel und Erde werden zur Einheit
in der Feier der Eucharistie.

Jesus Christus ist nicht nur im Himmel weit weg,
er ist trotz seiner Heimkehr zugegen in unserer Mitte,
im Zeichen des Brotes,[214] in allen Sakramenten,
im Gebet,[215] in seinem Wort[216]
- überall dort, wo Menschen einander Liebe erweisen.[217]

Amen.

---

[213] Mt 28, 20
[214] vgl. KKK 1373-1381; 1409f
[215] vgl. Mt 18, 20; 28, 20; Joh 15, 5; 17, 26; Röm 8, 1-17; 12, 5; 1 Kor 12, 27; Eph 1, 22f; 5, 30; Kol 1, 27; KKK 260; 669-671; 729; 737-741; 759f; 763f; 767-780; 782; 787-798; 805; 807; 832; 1084f; 1088f; 1107; 1127; 1364; 1373-1375; 1378; 1380; 1404; 1409f; 2565
[216] vgl. AG 9
[217] vgl. Mt 25, 40

Gebet:

„Allmächtiger, ewiger Gott,
erfülle uns mit Freude und Dankbarkeit,
denn in der Himmelfahrt deines Sohnes
hast du den Menschen erhöht.
Schenke uns das feste Vertrauen,
daß auch wir zu der Herrlichkeit gerufen sind,
in die Christus uns vorausgegangen ist,
der in der Einheit des Heiligen Geistes
mit dir lebt und herrscht in alle Ewigkeit.“[218]

---

[218] MB 186

Pfingsten - Pfingstsonntag

Lesejahr A:

1. Lesung:	Apg 2, 1-11
2. Lesung:	1 Kor 12, 3b-7. 12-13
Evangelium:	Joh 20, 19-23

Lesejahr B:

1. Lesung:	Apg 2, 1-11
2. Lesung:	1 Kor 12, 3b-7, 12-13
	oder Gal 5, 16-25
Evangelium:	Joh 20, 19-23
	oder Joh 15, 26-27; 16, 12-15

Lesejahr C:

1. Lesung:	Apg 2, 1-11
2. Lesung:	1 Kor 12, 3b-7, 12-13
	oder Röm 8, 8-17
Evangelium:	Joh 20, 19-23
	oder Joh 14, 15-16. 23b-26

Bevor Jesus heimgekehrt ist zu Gott, dem Vater,[219]
hat er verheißen, dennoch in dieser Welt zu bleiben.

Er hat uns eine Gabe zugesagt,
in der er selbst unter uns sein wird.[220]

Er nennt diese Gabe „Beistand“[221] oder „Tröster“[222];
sie ist die „Kraft des Höchsten“[223],
und er selbst, der Herr, ist dieser Geist.[224]

Durch die Taufe hineingenommen
in die Wirklichkeit des dreifaltigen Gottes,[225]
haben wir Anteil am Leben des Geistes,[226]
und die Firmung hat das besiegelt.[227]

Durch die Gabe des Heiligen Geistes
soll Christus in uns wohnen,[228]
er soll sich entfalten und Frucht bringen,[229]
er treibt uns an, das Gute zu tun.

Der Heilige Geist ist Geschenk vom Vater[230] und vom Sohn[231]
nicht nur für jeden persönlich,
er ist wesentlich Gabe der Kirche.[232]

---

[219] vgl. Joh 14, 1-14; 16, 17; 17, 4f. 13; 20, 17
[220] vgl. Mt 28, 20; Joh 14, 20; 17, 22-26; KKK 243-244; 683ff
[221] Joh 14, 16. 26; 15, 26; 16, 7; KKK 692; 1433; vgl. KKK 243
[222] KKK 692; 1433
[223] Lk 1, 35; vgl. Apg 1, 8
[224] vgl. 2 Kor 3, 17; 1 Joh 2, 1
[225] vgl. Die Feier der Kindertaufe in den katholischen Bistümern des deutschen Sprachgebietes. Hrsg. im Auftrag der Bischofskonferenzen Deutschlands, Österreichs und der Schweiz und des Bischofs von Luxemburg, Einsiedeln 1971, Vorbemerkungen 6; KKK 232-234; 265; 732; 2565
[226] vgl. Röm 8, 23; 2 Kor 1, 21f; KKK 735
[227] vgl. KKK 1316f; vgl. 1302-1305
[228] vgl. Joh 14, 23; 17, 21-26; Röm 5, 5; 8, 9-11; 1 Kor 6, 19; Eph 3, 17; KKK 257-260; 265; 733-747; 989; 1279; 1415; 2565; Schönborn C., „Jesus Christus - Unser Leben“. Fastenhirtenbrief 1997, Wien 1997, 3
[229] vgl. Gal 5, 22; KKK 736; 1832
[230] vgl. Joh 14, 26
[231] vgl. Lk 24, 49; Joh 10, 30; 14, 16; 15, 26; 16, 7-15; KKK 243-248; 263f; 689f; 729
[232] vgl. KKK 688; 730-741; 1076

In einem der Hochgebete beten wir besonders ausdrücklich
um die Gabe des Geistes:

„Wir bitten dich,
schenke uns in diesem Mahl
den Geist, den er verheißen hat,
den Geist der Einheit, der wegnimmt, was trennt,
und der uns zusammenhält in der Gemeinschaft
mit unserem Papst, unserem Bischof und
mit deinem ganzen Volk.“[233]

Zu Pfingsten wird uns bewußt:

Wir haben - in der Gemeinschaft der Kirche -
Anteil am göttlichen Leben[234],
und die „Kraft des Höchsten“[235] wohnt in uns,[236]
wenn wir bemüht sind um Liebe.

Wir danken Gott für die Sendung seines Geistes,
den wir auch jetzt
herabrufen über die Gaben von Brot und Wein,[237]
damit sie uns wiedergeschenkt werden
als Leib und Blut Christi.[238]

---

[233] vgl. Fünf Hochgebete. Hochgebet zum Thema „Versöhnung“. Hochgebete für Meßfeiern mit Kindern. Studienausgabe für die Bistümer des deutschen Sprachgebietes mit einem Anhang: Hochgebet für Meßfeiern mit Gehörlosen. Approbierter und konfirmierter Text. Hrsg. v. d. Liturgischen Instituten Salzburg, Trier und Zürich. Pastoralliturgische Reihe in Verbindung mit der Zeitschrift „Gottesdienst“, Freiburg 1997, 16f

[234] vgl. Lk 11, 20; 17, 20f; Röm 5, 11; KKK 260; 265; 556; 669-671; 733; 735; 1002f; 1107; 1326

[235] Lk 1, 35; Apg 1, 8; vgl. MB 206

[236] vgl. Joh 14, 23; 17, 21-26; Röm 5, 5; 8, 9-11; 1 Kor 6, 19; Eph 3, 17; KKK 257-260; 265; 733-747; 989; 1279; 1415; 2565; Schönborn C., „Jesus Christus - Unser Leben“. Fastenhirtenbrief 1997, Wien 1997, 3

[237] vgl. MB 484; 494; 506

[238] vgl. KKK 1105f; 1333, 1375f; 1413

Sie sind uns ein sichtbares Zeichen für die Gegenwart des Herrn,[239]
der uns jetzt - durch das Wirken des Geistes -
das Brot reicht, seinen Leib,
von dem er selbst gesagt hat:

„Wer von diesem Brot ißt, wird in Ewigkeit leben.“[240]

Amen.

[239] vgl. KKK 1377-1381; 1418f
[240] Joh 6, 51; MB 521; vgl. Joh 6, 58

Gebet:

„Allmächtiger, ewiger Gott,
durch das Ereignis des heutigen Tages
heiligst du deine Kirche
in allen Völkern und Nationen.
Erfülle die ganze Welt
mit den Gaben des Heiligen Geistes,
und was deine Liebe
am Anfang der Kirche gewirkt hat,
das wirke sie auch heute.
Darum bitten wir durch Jesus Christus.“[241]

---

[241] vgl. MB 203 (vgl. MB 201)

Pfingsten - Pfingstmontag

<u>*Lesejahr A:*</u>

1. Lesung:	Apg 10, 34-35. 42-48a
	(oder Ez 36, 16-17a. 18-28)
2. Lesung:	Eph 4, 1b-6
Evangelium:	Joh 15, 26 - 16, 3. 12-15

<u>*Lesejahr B:*</u>

1. Lesung:	Apg 8, 1b. 4. 14-17
	(oder Ez 37, 1-14)
2. Lesung:	Eph 1, 3a. 4a. 13-19a
Evangelium:	Lk 10, 21-24

<u>*Lesejahr C:*</u>

1. Lesung:	Apg 19, 1b-6a
	(oder Joel 3, 1-5)
2. Lesung:	Röm 8, 14-17
Evangelium:	Joh 3, 16-21

Der Heilige Geist ist ganz wesentlich für uns Christen.

Er ist die Kraft Gottes,[242] die in uns wohnt,[243]
die Liebe,[244] die ausgegossen ist in unsere Herzen,[245]
er ist es, der in uns betet;[246]
und er ist die Gabe Gottes,
die uns zu einer „Gemeinschaft in Christus“[247] verbindet.[248]

Es gibt verschiedene Sinnbilder für den Heiligen Geist.[249]

Sie stellen dar - und wollen uns eine Hilfe sein im Verstehen dessen,
was der Geist Gottes bedeutet.

Letztlich bleibt uns das wahre Wesen des Geistes
aber unergründet,
ist er doch die dritte göttliche Person, Gott.[250]

Gott sehen, wie er wirklich ist,[251]
„von Angesicht zu Angesicht“[252],
können wir erst im jenseitigen Leben.

Und trotzdem, wir vertrauen seinem Wort:
Durch den Heiligen Geist ist Jesus zugegen, ist er da.[253]

---

[242] vgl. Lk 1, 35; Apg 1, 8
[243] vgl. Joh 14, 23; 17, 21-26; Röm 5, 5; 8, 9-11; 1 Kor 6, 19; Eph 3, 17; KKK 257-260; 265; 733-747; 989; 1279; 1415; 2565; Schönborn C., „Jesus Christus - Unser Leben“. Fastenhirtenbrief 1997, Wien 1997, 3
[244] vgl. KKK 733-736
[245] vgl. Röm 5, 5; KKK 733
[246] vgl. Röm 8, 26; KKK 741
[247] vgl. 1 Kor 1, 2. 30; 2 Kor 13, 5; 1 Thess 1, 1; 2 Thess 1, 1
[248] vgl. Röm 12, 5; 1 Kor 12, 13. 27; Eph 1, 22f; 5, 23. 30; Kol 1, 18; KKK 737-741; 747; 767-780; 782; 787-798; 805-807; 809; 957-962; 973; 1097; 1108; 1111; 1119; 1140; 1262-1282
[249] vgl. KKK 694-701
[250] vgl. KKK 243-248; 263; 266f; 683-686; 689; 731f
[251] vgl. 1 Joh 3, 2; KKK 954; 1023; 1028; 1053; LG 49
[252] 1 Kor 13, 12; MB 488; KKK 163; 314; 1020; 1023; vgl. 1 Joh 3, 2; Offb 22, 4; KKK 163f
[253] vgl. KKK 1127; 1373-1381

Durch die Sendung des Geistes ist seine Zusage wahr geworden:

„Ich bin bei euch alle Tage bis zum Ende der Welt.“[254]

Auch wenn der Heilige Geist nicht sichtbar ist,[255]
so wird er doch vermittelt durch sichtbare Zeichen.

Und er wird sichtbar an seinem Werk -
an dem, was er aufbaut:

Er wird sichtbar an uns, der kirchlichen Gemeinschaft,[256]
und ***in*** dieser Gemeinschaft erfahrbar.[257]

Das sichtbare Zeichen für die Vermittlung des Geistes,
in dem diese Vermittlung tatsächlich auch geschieht,
ist seit urtümlichster Zeit die Auflegung der Hände.[258]

In der Apostelgeschichte ist nicht nur vom Feuer,
das vom Himmel herabkommt,[259] die Rede.
Es ist auch die Weitergabe des Geistes
durch die Auflegung der Hände bezeugt.[260]

Da heißt es:

*„Paulus legte ihnen die Hände auf,
und der Heilige Geist kam auf sie herab.“*[261]

Es entspricht dem Wesen des Heiligen Geistes,
daß er vermittelt wird - und ein Geschenk ist.[262]

---

[254] Mt 28, 20
[255] vgl. KKK 687
[256] vgl. KKK 1702
[257] vgl. KKK 688; 737-741
[258] vgl. Hebr 6, 2; Apg 8, 17-19; 13, 3; 19, 6; KKK 699; 1300
[259] vgl. Apg 2, 3f
[260] vgl. Apg 8, 17-19; 13, 3; 19, 6
[261] Apg 19, 6a
[262] vgl. KKK 846; 1727; 1987-2029

Danken wir Gott für die Sendung des *(Heiligen)* Geistes,
den wir auch jetzt herabrufen auf die Gaben von Brot und Wein,[263]
damit sie uns wiedergegeben werden
als Leib und Blut Christi.[264]

Die Gaben der Eucharistie werden zum sichtbaren Zeichen
der unsichtbaren Wirklichkeit,
daß Schöpfung und Wesen Gottes
einander durchdringen.[265]

Amen.

---

[263] vgl. MB 484; 494; 506
[264] vgl. KKK 1105f; 1333, 1375f; 1413
[265] vgl. Eph 4, 6

Gebet:

„Gott,
du hast die Herzen deiner Gläubigen
durch die Erleuchtung
des Heiligen Geistes gelehrt.
Gib, daß wir in diesem Geist
erkennen, was recht ist,
und allezeit seinen Trost und seine Hilfe erfahren.
Darum bitten wir durch Jesus Christus.“[266]

---

[266] MB 1101

Dreifaltigkeitssonntag

Lesejahr A:

1. Lesung:	Ex 34, 4b. 5-6. 8-9
2. Lesung:	2 Kor 13, 11-13
Evangelium:	Joh 3, 16-18

Lesejahr B:

1. Lesung:	Dtn 4, 32-34. 39-40
2. Lesung:	Röm 8, 14-17
Evangelium:	Mt 28, 16-20

Lesejahr C:

1. Lesung:	Spr 8, 22-31
2. Lesung:	Röm 5, 1-5
Evangelium:	Joh 16, 12-15

I.

Wir haben zu Pfingsten die Herabkunft des Heiligen Geistes gefeiert.

Im Heiligen Geist gibt Gott sich zu erkennen
als innere Kraft, als Leben und Liebe.

Er läßt uns Christus erkennen,
der auferstanden unter uns zugegen ist.

Der Heilige Geist ermöglicht,
daß wir ***in*** Christus leben.

Alles ist geheiligt durch das Wesen von Gott,
es ist durchdrungen vom Heiligen Geist.

In ihm ist der Schöpfer zugegen,
und ***ER***, in dessen Namen wir versammelt sind.

II.

Wir beginnen unsere Gebete
„im Namen des Vaters und des Sohnes
und des Heiligen Geistes“[267]
und bezeichnen uns mit dem Kreuz.

Wir sind in Gott geborgen -
in dieser Gemeinschaft
von Vater, Sohn und Geist.

III.

Wir können gut verstehen,
daß Gott zugleich der Eine ist,
und zugleich die Einheit der drei.

[267] vgl. MB 324; GL 19 (Nr. 2); Pauser G., Meine Gebete zur Heiligung des Tages, Wien 1990, 3

Denn Gott ist Liebe.[268] - Und Liebe ereignet sich in Beziehung.
Gott ist kein Egoist. Er ist in sich ein Austausch von Liebe.

In seiner Dreisamkeit ist Gott nicht ein-sam.

IV.

Er wollte - da er Liebe ist - sich auch der Schöpfung mitteilen.

Er hat den Menschen zu seinem Abbild gemacht[269]
und ist selber Mensch geworden,
weil er den Menschen liebt.[270]

Unser ganzer Lebensweg ist geheiligt durch ihn.

Auch wenn wir vom Weg des Guten abgekommen sind:
Gott ist mit uns.

Seine Liebe gilt auch dem Sünder.

Das zu erfassen, daran zu glauben,
den Wunsch zu haben, das Gute zu tun -
ist Wirken des Heiligen Geistes.

Jedes Verlangen nach Glück und Liebe
- nach Fülle und Leben -
ist eine Umwerbung von Gott,
das Gute zu suchen,
es anzustreben und auch zu tun.

Amen.

---

[268] vgl. 1 Joh 4, 8. 16; KKK 214; 218-221; 231; 257; 733; 1604; 2331; FC 11

[269] vgl. Gen 1. 26f; 9, 6; Eph 4, 24; Kol 3, 10; KKK 16; 31; 36; 225; 299; 355-364; 369f; 373; 380; 396; 705; 1604; 1700-1702f; 1705; 1730; 1738; 1877; 1934; 2331; 2501; 2566; 2809

[270] vgl. KKK 458

Gebet:

„Herr, himmlischer Vater,
du hast dein Wort - Jesus -
und deinen Geist - den Beistand -
in die Welt gesandt,
um das göttliche Leben
- dich selbst -
zu offenbaren.
Gib dich auch heute zu erkennen
als Gott der Liebe -
in der Einheit der drei Personen.
Darum bitten wir durch Jesus Christus.“[271]

---

[271] vgl. MB 250

Hochfest des Leibes und Blutes Christi - Fronleichnam

Lesejahr A:

1. Lesung:	Dtn 8, 2-3. 14b-16a
2. Lesung:	1 Kor 10, 16-17
Evangelium:	Joh 6, 51-58

Lesejahr B:

1. Lesung:	Ex 24, 3-8
2. Lesung:	Hebr 9, 11-15
Evangelium:	Mk 14, 12-16. 22-26

Lesejahr C:

1. Lesung:	Gen 14, 18-20
2. Lesung:	1 Kor 11, 23-26
Evangelium:	Lk 9, 11b-17

Wir feiern das Abendmahl Jesu.

Wie damals am Gründonnerstag, so ist auch heute Donnerstag -
bewußt der Tag des Abendmahles.

Doch ganz anders ist heute der Charakter dieses Festes:

Wir feiern nicht in der Abgeschiedenheit eines abgeschlossenen Raumes,
nicht im Verborgenen, wir gehen hinaus in die Straßen der Stadt,
wir treten an die Öffentlichkeit, wir „demonstrieren“.

In der Monstranz zeigen wir, was wir zu zeigen haben:
Jesus, Gottes Gegenwart in einem Stück Brot.

Und wir glauben,
daß reicher Segen von ihm ausgeht.

Er ist zugegen nicht nur in der Eucharistie,
er möchte Wegbegleiter sein -
mitgenommen werden in den Alltag,
in unser Leben.

Gott schenkt seine Gegenwart im Brechen des Brotes,
in den Sakramenten der Kirche,
besonders aber auch in der Güte und Liebe,
die Menschen einander erweisen.

Jesus hat nicht nur Brot verwandelt in seinen Leib,
er will auch uns umgestalten zu liebenden Menschen.

Von Jesus sollen wir lernen, in seiner Gesinnung leben,
Versöhnung suchen, Frieden stiften, einander beistehen,
miteinander und füreinander dasein - in Freude und Leid.

Die Botschaft von damals ist auch heute aktuell:

Da ist ein Gott, der dich liebt.

Er hat uns sein Wort gegeben, ***ewig*** zu leben:
Jesus Christus.

Er ist das gute Wort des Vaters an uns Menschen.

In ihm sind wir berufen, so zu leben,
wie er es uns vorgelebt hat.

Amen.

Gebet:

„Allmächtiger Gott,
am Abend vor seinem Leiden
hat dein Sohn
der Kirche
das Opfer des Neuen und Ewigen Bundes anvertraut
und das Gastmahl seiner Liebe gestiftet.
Gib, daß wir durch ihn
die Fülle des Lebens und der Liebe empfangen.
Darum bitten wir durch Jesus Christus.“[272]

[272] vgl. MB [23]

Heiligstes Herz Jesu

Lesejahr A:

1. Lesung: Dtn 7, 6-11
(besser eine eigene Kurzfassung: Dtn 7, 6-9*)*
2. Lesung: 1 Joh 4, 7-16
(oder eine eigene Kurzfassung: 1 Joh 4, 9-12. 14-16*)*
Evangelium: Mt 11, 25-30

Lesejahr B:

1. Lesung: Hos 11, 1. 3-4. 8a. c-9
2. Lesung: Eph 3, 8-12. 14-19
Evangelium: Joh 19, 31-37

Lesejahr C:

1. Lesung: Ez 34, 11-16
2. Lesung: Röm 5, 5b-11
Evangelium: Lk 15, 3-7

„Er hatte ein Herz für die Armen und Kranken,
die Ausgestoßenen und die Sünder."[273]

Er hat dieses Herz auch heute für uns.

Der Blick auf das Kreuz erinnert uns nicht nur
an das Leid und den Tod Jesu.

Wir erkennen Liebe, ein offenes Herz, das blutet,
weil es verletzt wurde.

Mag sein, daß auch wir im Leben oftmals verletzt wurden,
weil unsere Liebe nicht beantwortet wurde.

Niemals aber geht unsere Liebe und unser Sehnen nach Glück ins Leere.

Denn Jesus hat uns im offenen Herzen einen Weg in die Zukunft
erschlossen. Der Weg durch die Wunde, die Folge ist von Liebe,
führt uns zu Gott.

Für uns ist das Kreuz nicht ein Ärgernis und nicht eine Torheit.[274]
Wir erkennen übergroße Liebe, die bereit war, ***alles*** zu geben.

Wie Jesus gesagt hat:

„Es gibt keine größere Liebe,
als wenn einer sein Leben für seine Freunde hingibt."[275]

Und der Blick auf das Kreuz gibt uns Kraft.

Das offene Herz zeigt an:
Du bist geliebt - auch im Leid - auch im Tod.

---

[273] Hochgebet für Messen für besondere Anliegen IV. Jesus, der Bruder aller, 39f
[274] vgl. 1 Kor 1, 23
[275] Joh 15, 13

Und das Kreuz ermutigt uns:

Mache dich selber auf den Weg, ein liebender Mensch zu sein
- auch wenn Unrecht dir geschieht,
- wenn du von der Lieblosigkeit anderer Menschen verletzt wurdest,
- wenn du glaubst, von Gott verlassen zu sein.

Immer haben wir in der Trostlosigkeit des Kreuzes
dieses Zeichen vor uns, das Liebe bedeutet:
das offene Herz unseres Herrn Jesus Christus.

Gebet:

„Allmächtiger Gott,
wir ehren das Herz deines Sohnes
und preisen die großen Taten seiner Liebe.
Gib, daß wir aus dieser Quelle göttlichen Erbarmens
die Fülle der Gnade und des Lebens empfangen.
Darum bitten wir durch Jesus Christus.“[276]

---

[276] vgl. MB 257

Vatertag

1. Lesung:	Dtn 5, 6-21
	oder Ex 20, 1-21
2. Lesung:	Kol 3, 12-15. 17
	oder Eph 4, 2f. 29 - 5, 1
Evangelium:	Mt 7, 7-12
	oder Mt 23, 1-12
	oder Lk 11, 1-13
	oder Lk 15, 11-32
	oder Mt 28, 16-20
	oder Lk 12, 22-25. 27-31

Jesus hat uns gelehrt,
Gott als „Vater" anzusprechen.[277]

Er weiß sich eins mit dem Vater,[278]
und will, daß auch wir Gott als Vater ehren,
anerkennen und lieben, ihm vertrauen, alles anvertrauen.[279]

Das ist eine große Hilfe für das Leben,
aber auch eine Verpflichtung,
eine Verantwortung, die wir haben:
einander Bruder und Schwester zu sein.

Schon im Alten Testament
ist Gott nicht nur Schöpfer, auch „Vater".

Im Buch Deuteronomium heißt es z. B.:

„Ist das euer Dank an den Herrn?
Ist er nicht dein Vater, dein Schöpfer?
Hat er dich nicht geformt und hingestellt?"[280]

---

[277] vgl. Mt 6, 9-15; Lk 11, 2-4; MB 512; 515; KKK 238-242; 261f; 2759; GL 20 (Nr. 2/4)
[278] vgl. Joh 10, 30
[279] vgl. Lk 12, 29f
[280] vgl. Dtn 32, 6

Und im Psalm 89:

„Mein Vater bist du, mein Gott, der Fels meines Heiles.“[281]

Manche Stellen sind nicht so eindeutig,
weil eher ***vergleichend*** von einem Vater gesprochen wird:

*„Wie ein Vater sich seiner Kinder erbarmt,
so erbarmt sich der Herr über alle, die ihn fürchten.“*[282]

Jesus meint mit „Vater“ tatsächlich „Vater“,
und nicht nur vergleichsweise „***wie*** ein Vater“.

Wie ernst er das meint, zeigt sich in der Weisung:

*„Ihr sollt niemand euren Vater nennen;
denn nur einer ist euer Vater, der im Himmel.“*[283]

Vater sein heißt - im christlichen Sinn:
Teilhabe an der Vaterschaft Gottes.[284]

Die Kinder lernen von Vater und Mutter,
was es heißt, von Gott geliebt zu sein.[285]

Und für jeden Vater gilt - und nicht nur für die Väter:

„Seid barmherzig, wie es auch euer Vater ist!“[286]

Wir sprechen nicht nur von der <u>väterlichen</u> Güte Gottes;
so manches wird auch durch das Bild der Mutterschaft
über Gott ausgesagt.[287]

---

[281] Ps 89, 27
[282] Ps 103, 13
[283] Mt 23, 9. 11
[284] vgl. „Autorität“: KKK 1897-1902
[285] vgl. Eph 1, 5; Kol 3, 12; 1 Joh 3, 1; 4, 8. 16; KKK 52; 176; 218-221; 1878; 2560f; 2567
[286] Lk 6, 36
[287] vgl. Jes 66, 13; Ps 131, 2; KKK 239; KKK 370

Gott ist Liebe.[288]

Er vereint in sich alle Aspekte der Liebe
und will, daß auch wir liebende Menschen sind -
egal ob Mutter, Vater oder Kind,
ob in Gemeinschaft lebend oder auch allein.

Wir alle sind von Gott geliebt,
denn er ist unser aller Vater.

Uns alle hat Jesus gelehrt,
zu Gott „Vater“ zu sagen.

Amen.

---

[288] vgl. 1 Joh 4, 8. 16; KKK 214; 218-221; 231; 257; 733; 1604; 2331; FC 11

Gebet:

„Allmächtiger Gott,
wir dürfen dich Vater nennen,
denn du hast uns an Kindes Statt angenommen.
Gib, daß wir mehr und mehr
aus dem Geist der Kindschaft leben,
damit wir die wahre Freiheit finden
und das unvergängliche Erbe erlangen.
Darum bitten wir durch Jesus Christus."[289]

[289] vgl. MB 146

Mariä Heimsuchung

Lesung: Zef 3, 14-18
oder: Röm 12, 9-16b
Evangelium: Lk 1, 39-56

Was Maria in ihrem Lobpreis, dem Magnifikat, betet,
ist nicht nur ihre persönliche Erfahrung.

Sie erinnert an die großen Heilstaten Gottes,
die dem ganzen Volk zuteil geworden sind.

Gott hat sein Volk aus der Gefangenschaft befreit,
er hat es aus Ägypten in das Land der Freiheit geführt,
den Feind vernichtet
und die Hungrigen mit dem Manna gespeist.

Diese geschichtliche Erfahrung bringt Maria ein
in ihr persönliches Gebet.

Sie selber hat in ihrem Leben in ganz besonderer Weise
das Eingreifen Gottes erfahren,
da sie von ihm erwählt wurde,
die Mutter Jesu zu werden.

Auch wir bringen unsere Lebensgeschichte ein
in diesen Gottesdienst,
wenn wir uns dankbar daran erinnern,
daß Gott uns oft schon aufgerichtet,
uns immer wieder weitergeholfen hat -
auch und gerade dann, wenn wir ganz danieder lagen,
nicht mehr wußten, wie es weitergeht.

Maria trägt Christus in sich und möchte diese Freude
der Elisabeth mitteilen.

Auch für uns bedeutet die Gemeinschaft mit Christus
Freude.

Amen.

Gebet:

„Allmächtiger, ewiger Gott,
vom Heiligen Geist geführt,
eilte Maria, die deinen Sohn in ihrem Schoß trug,
zu ihrer Verwandten Elisabet.
Hilf auch uns,
unseren Brüdern und Schwestern
Christus zu bringen
und vereint mit Maria
deine Größe preisen.
Darum bitten wir durch Jesus Christus.“[290]

[290] vgl. MB 711

Verklärung des Herrn

Lesejahr A:

1. Lesung: Dan 7, 9-10. 13-14
2. Lesung: 2 Petr 1, 16-19
Evangelium: Mt 17, 1-9

Lesejahr B:

1. Lesung: Dan 7, 9-10. 13-14
2. Lesung: 2 Petr 1, 16-19
Evangelium: Mk 9, 2-10

Lesejahr C:

1. Lesung: Dan 7, 9-10. 13-14
2. Lesung: 2 Petr 1, 16-19
Evangelium: Lk 9, 28b-36

I.

Die Verklärung des Herrn geschieht
im Hinblick auf das bevorstehende Leid.[291]

Jesus sagt seinen Jüngern voraus:

*„Der Menschensohn muß vieles erleiden ...;
er wird getötet werden,
aber am dritten Tag wird er auferstehen."*[292]

Dann beruft er seine Jünger zur Kreuzesnachfolge:

*„Wer mein Jünger sein will, der verleugne sich selbst,
nehme täglich sein Kreuz auf sich und folge mir nach."*[293]

Nach diesen Worten zeigt sich Jesus als der Verherrlichte.[294]

In der Verklärung wird offenbar: Jesu Tod bedeutet Verherrlichung.[295]

Jesus gibt seinen Jüngern eine unvergeßliche Ermutigung:

Ich werde im Leid euer Licht sein.[296]

In der Präfation des 2. Fastensonntag wird feierlich verkündet:

*„In seiner Verklärung erkennen wir,
was Gesetz und Propheten bezeugen,
daß wir durch das Leiden mit Christus
zur Auferstehung gelangen."*[297]

---

[291] vgl. Lk 9, 31; KKK 554-556
[292] Lk 9, 22; vgl. Mt 16, 25; Mk 8, 35; Lk 24, 26. 46; Apg 17, 3; 26, 23; Röm 8, 17; KKK 554f
[293] Lk 9, 23; vgl. Mt 10, 38; 16, 24; Mk 2, 34; 8, 34; Lk 5, 27; 14, 27; KKK 618
[294] vgl. MB 737-740; KKK 555
[295] vgl. Lk 24, 26; Joh 7, 39; 12, 16. 23. 28; 13, 31f; 17, 1. 5; 21, 19; Röm 8, 17
[296] vgl. Jes 42, 6; 49, 6; Lk 2, 27-33; Joh 1, 1-18; 3, 19-21; 8, 12; 9, 5; 12, 35f. 46; Röm 8, 18; Eph 5, 3-20; 1 Joh 1, 5-7; MB 738f
[297] MB 97; vgl. Röm 8, 17f; 2 Tim 2, 11; 1 Petr 4, 13; KKK 556; 628

II.

Durch unsere Taufe sind auch wir
mit der Stimme Gottes angesprochen:

Du bist mein geliebter Sohn,
meine geliebte Tochter,
mein geliebtes Kind.[298]

Angesichts des Leides möge Jesus auch uns
das Licht seiner Auferstehung zukommen lassen.[299]

III.

Zum heutigen Tag paßt gut der Text eines Osterliedes:

„Verklärt ist alles Leid der Welt,
des Todes Dunkel ist erhellt.
Der Herr erstand in Gottes Macht,
hat neues Leben uns gebracht.

Wir sind getauft auf Christi Tod
und auferweckt mit ihm zu Gott.
Uns ist geschenkt sein Heilger Geist,
ein Leben, das kein Tod entreißt.

Wir schauen auf zu Jesus Christ,
zu ihm, der unsre Hoffnung ist.
Wir sind die Glieder, er das Haupt;
erlöst ist, wer an Christus glaubt.“[300]

Amen.

---

[298] vgl. Röm 8, 15-17; Gal 3, 26; 4, 5-7
[299] vgl. Jes 42, 6; 49, 6; Lk 2, 27-33; Joh 1, 1-18; 3, 19-21; 8, 12; 9, 5; 12, 35f. 46; Eph 5, 3-20; 1 Joh 1, 5-7; MB I (67); GL 221 (Nr. 149/3)
[300] GL 285 (Nr. 220, 2.-4. Strophe)

Gebet:

„Allmächtiger Gott,
bei der Verklärung deines Sohnes
hast du *(durch das Zeugnis der Väter)* bekräftigt,
was wir im Glauben bekennen.
Du hast uns gezeigt,
was wir erhoffen dürfen,
wenn unsere Annahme an Kindes Statt
sich einmal vollendet.
Hilf uns,
auf das Wort deines Sohnes zu hören,
damit wir Anteil erhalten an seiner Herrlichkeit.
Darum bitten wir durch Jesus Christus.“[301]

[301] vgl. MB 737

Mariä Aufnahme in den Himmel

Am Vorabend:

1. Lesung: 1 Chr 15, 3-4. 15-16; 16, 1-2
(besser die 1. Lesung vom Tag: Offb 11, 19a; 12, 1-6a. 10ab)
2. Lesung: 1 Kor 15, 54-57
(oder die 2. Lesung vom Tag: 1 Kor 15, 20-27a;
besser: 1 Kor 15, 20-26. 28)
Evangelium: Lk 11, 27-28
(oder das Evangelium vom Tag: Lk 1, 39-56)

Am Tag:

1. Lesung: Offb 11, 19a; 12, 1-6a. 10ab
2. Lesung: 1 Kor 15, 20-27a *(besser: 1 Kor 15, 20-26. 28)*
Evangelium: Lk 1, 39-56

Mitten im Hochsommer feiern wir den großen Frauentag.
Die Getreideernte ist eingebracht,
und wir denken schon an Erntedank.

Am Höhepunkt des Lebens, im Einbringen der Ernte,
im Werden, aber auch Vergehen des Irdischen,
weist das heutige Fest in die Zukunft eines jeden Christen,
in eine endgültige Zukunft der gesamten Schöpfung.

Alles soll in Gott Vollendung finden.[302]

Und wenn die irdische Ernte eingebracht ist,
gilt es, auch vor Gott eine Scheune zu haben -
für die guten Werke, die man im Leben verrichtet hat:[303]
die Liebe, mit der man das Gute ersehnt und getan hat.

Maria gibt uns Christen ein Vorbild,
wie unser Leben in der rechten Weise in die Zielgerade geht:
Sie hat ihr Leben in den Dienst Gottes gestellt
und auf Gott hin ausgerichtet.

Kein Mensch hatte jemals diese innige Beziehung zu Jesus Christus,
wie sie als Mutter. So ist sie auch die erste, die Anteil haben darf
an der „Herrlichkeit, die uns allen verheißen ist."[304] -

Maria wurde mit „Leib und Seele"[305] „zur Herrlichkeit des Himmels"[306]
erhoben. - Wir können uns kaum vorstellen, daß eine sterbliche Materie
in einen unsterblichen Gott eingehen soll, und dennoch ist es verständlich,
daß nicht nur ein Teil des Menschen erlöst werden soll.

Der ganze Mensch, der eben aus Leib und Seele besteht,
ist für die Erlösung bestimmt.

So steht in der Heiligen Schrift, im Brief an die Römer:

---

[302] vgl. MB 509; Kol 1, 16; KKK 1046f; 1060
[303] vgl. Mt 6, 19; Lk 12, 33
[304] MB 750f
[305] MB 749
[306] MB 749

„Wenn der Geist dessen in euch wohnt, der Jesus von den Toten auferweckt hat, dann wird er, der Christus von den Toten auferweckt hat, auch euren sterblichen Leib lebendig machen, durch seinen Geist, der in euch wohnt.“[307]

Und eine wertvolle Hilfe zum Verstehen dessen,
was unsere Hoffnung ist, gibt Paulus im (1.) Korintherbrief:

*„Was gesät wird, ist verweslich, was auferweckt wird, unverweslich. ...
Gesät wird ein irdischer Leib, auferweckt ein überirdischer Leib.
Wenn es einen irdischen Leib gibt, gibt es auch einen überirdischen.“*[308]

Immer wieder heißt es bei der Totenmesse:

*„Deinen Gläubigen, o Herr, wird das Leben **gewandelt**,
nicht genommen.“*[309]

Unser armseliges Fleisch wird umgestaltet zu einem Leib der Auferstehung, gleichgestaltet dem Auferstehungsleib des Herrn.[310]

Die Auferstehung von „Leib und Seele“[311] versichert uns,
daß der ***ganze*** Mensch zur Vollendung bestimmt ist.[312]

Nicht nur ***etwas*** von uns soll auferstehen,
ein Teil von uns ewig leben.

Als ***ganze*** Menschen,
als die Person und Persönlichkeit, die wir sind,
sind wir auf dem Weg zu Gott,
sind wir einmalig erschaffen
für die Ewigkeit.

Amen.

---

[307] Röm 8, 11
[308] 1 Kor 15, 42. 44
[309] vgl. MB 453; 1 Kor 15, 51f
[310] vgl. 1 Kor 15, 42-55; KKK 1017
[311] MB 749
[312] vgl. KKK 1042; 1703; 1711

Gebet:

„Allmächtiger, ewiger Gott,
du hast die selige Jungfrau Maria,
die uns Christus geboren hat,
vor aller Sünde bewahrt
und sie mit Leib und Seele
zur Herrlichkeit des Himmels erhoben.
Gib, daß wir auf dieses Zeichen
der Hoffnung und des Trostes schauen
und auf dem Weg bleiben,
der hinführt zu deiner Herrlichkeit.
Darum bitten wir durch Jesus Christus."[313]

---

[313] MB 749

Beginn des neuen Arbeitsjahres

1. Lesung: Apg 2, 42-47
2. Lesung: Röm 8, 12-17
Evangelium: Joh 15, 9-17

Ein neues Arbeitsjahr beginnt mit neuer Kraft.

Ich meine nicht nur die neuen körperlichen Kräfte,
die wir durch die Urlaubszeit gesammelt haben,
und die neue Fassungskraft des Verstandes.

Wir erbitten uns die Kraft des Heiligen Geistes,
der uns von Gott gegeben ist.[314]

Diese innere Kraft und Gottverbundenheit,
die „Kraft des Höchsten“[315] soll uns wieder neu erfüllen,
unser ganzes Wesen und Sein, Denken und Handeln durchdringen,
die Mitte einer Persönlichkeit sein,
die sich ganz in Gott geborgen weiß.

Unser Leib ist ein „Tempel des Heiligen Geistes“[316].
Der Geist Gottes soll wirklich in uns „wohnen“[317]!

Es ist sehr schön im Römerbrief zu lesen,
wie wir in diesem Geist
Kinder und „Erben Gottes“[318],
„Miterben Christi“[319], sind,
und wie uns dieser Geist zur Kirche eint.[320]

---

[314] vgl. Apg 1, 8
[315] Lk 1, 35; vgl. Apg 1, 8
[316] 1 Kor 6, 19; KKK 1279; vgl. 364
[317] vgl. Joh 14, 23; 17, 21-26; Röm 5, 5; 8, 9-11; 1 Kor 6, 19; Eph 3, 17; KKK 257-260; 265; 733-747; 989; 1279; 1415; 2565; Schönborn C., „Jesus Christus - Unser Leben“. Fastenhirtenbrief 1997, Wien 1997, 3
[318] Röm 8, 17; vgl. Gal 3, 29; 4, 7; Jak 2, 5; KKK 654; 1265
[319] Röm 8, 17; vgl. Gal 3, 29; 4, 7; Jak 2, 5; KKK 654; 1265
[320] vgl. Röm 8. 12; 1 Kor 12

Wir sind durch den Geist Gottes zusammengefügte
„Gemeinschaft in Christus“[321]![322]

Daher gelten die Apostelworte auch uns:

*„Seid alle einmütig, und duldet keine Spaltung unter euch;
seid ganz eines Sinnes und einer Meinung.“*[323]

Die Apostelgeschichte überliefert uns
eine wunderbare „Vision“ von Kirche:

*„Sie alle verharrten dort einmütig im Gebet,
zusammen mit den Frauen und mit Maria, der Mutter Jesu,
und mit seinen Brüdern.“*[324]

Das ist Fundament der Kirche,
Vorgegebenheit des Pfingstfestes.

Und was das neue Arbeitsjahr betrifft,
mache ich mir zum Leitsatz
ein Wort des heiligen Don Bosco:

„Fröhlich sein, Gutes tun und die Spatzen pfeifen lassen“[325].

Wer ein biblisches Wort bevorzugt,
dem lege ich ans Herz:

*„Seid fröhlich in der Hoffnung,
geduldig in der Bedrängnis,
beharrlich im Gebet!“*[326]

Amen.

---

[321] vgl. 1 Kor 1, 2. 30; 2 Kor 13, 5; 1 Thess 1, 1; 2 Thess 1, 1
[322] vgl. Röm 12, 5; 1 Kor 12, 13. 27; Eph 1, 22f; 5, 23. 30; Kol 1, 18; KKK 747; 779; 782; 787-798; 805-807; 809; 973; 1097; 1108; 1111; 1119; 1140
[323] 1 Kor 1, 10
[324] Apg 1, 14
[325] Don Bosco: Fröhlich sein, Gutes tun und die Spatzen pfeifen lassen. Ausgewählt und hrsg. v. W. Berger. Buxheim/ Allgäu [3]1975
[326] Röm 12, 12

Gebet:

„Herr, unser Gott,
komm unserem Beten und Arbeiten
mit deiner Gnade zuvor und begleite es,
damit alles, was wir beginnen,
bei dir seinen Anfang nehme
und durch dich vollendet werde.
Darum bitten wir durch Jesus Christus.“[327]

[327] MB 81 (= MB 293)

Kreuzerhöhung

1. Lesung: Num 21, 4-9
2. Lesung: Phil 2, 6-11
Evangelium: Joh 3, 13-17

Das Kreuz ist für manche „Torheit“[328], für andere ein „Ärgernis“[329], uns aber bedeutet es von Gott her eine Kraft.[330]

Dieses Bekenntnis des Paulus - überliefert im ersten Korintherbrief - ist sehr realistisch auch für die heutige Zeit.

Das Kreuz ist für manche „Torheit“[331], für andere ein „Ärgernis“[332], weil es von vielen nicht verstanden wird.

Es geht nicht darum, den Tod und Grausamkeit zu verherrlichen.

Für uns Christen ist das Kreuz Zeichen der ***Liebe***, der Hingabe.

Das Kreuz ist die bildliche Darstellung dessen, was Jesus gesagt - und eben auch ***gelebt*** hat:

„Es gibt keine größere Liebe,
als wenn einer sein Leben für seine Freunde hingibt.“[333]

Zudem sind wir überzeugt, daß die am Kreuz uns erwiesene Liebe, die Erlösung, ***alle*** Menschen und die gesamte Schöpfung mit einschließt - nicht nur die Freunde.

Das Kreuz ist Sinnbild der Liebe, die treu ist bis zum Tod.

Ja mehr noch:

---

[328] 1 Kor 1, 18. 23
[329] 1 Kor 1, 23
[330] vgl. 1 Kor 1, 18. 24
[331] 1 Kor 1, 18. 23
[332] 1 Kor 1, 23
[333] Joh 15, 13; vgl. 1 Joh 3, 16

Gott hat Jesus von den Toten auferweckt.
Das Kreuz bezeichnet die Liebe, die stärker ist als der Tod.

Auch hat Jesus einen Weg aufgezeigt,
der in Wehrlosigkeit die Feindesliebe mit einschließt.

In vergangenen Jahrhunderten - so können wir heute offen sagen -
wurde das Kreuz <u>mißbraucht</u> für die Kreuzzüge.

Wir haben als Christen und Kirche - hoffentlich und Gott sei Dank -
wieder den ursprünglichen Sinn des Kreuzes erkannt:
Liebe, Leben - und nicht Tod.

„Im Kreuz ist Heil, im Kreuz ist Leben, im Kreuz ist Hoffnung“[334],
singen wir am Karfreitag bei der Verehrung des Kreuzes.

Bekannt ist auch der Vers:

*„Wir beten dich an, Herr Jesus Christus, und preisen dich.
Denn durch dein heiliges Kreuz hast du die Welt erlöst“*[335].

Im Tod Jesu wird uns die eigene Sterblichkeit bewußt,
vielmehr aber auch unsere Zukunft.

Jedes Kreuz ist eine Erinnerung daran:

Du bist von Gott geliebt.

Und du bist nicht allein in deiner Not, in deinem Schmerz,
in Krankheit und Alter, in der Vergänglichkeit deines Lebens.

Nicht nur der L***eid***ende, auch der L***ieb***ende,
erkennt sich selbst,
wenn er vor dem Kreuz auf Jesus schaut.

---

[334] GL 268 (Nr. 205); vgl. 733f (Nr. 766); Joh 3, 14f; KKK 2677
[335] vgl. GL 765-772 (Nr. 775/1-14)

Wir selber erkennen uns am Kreuz in unserer Sterblichkeit, aber auch in unserer Liebe, in der wir für andere da sind.

Immer ist die Botschaft enthalten:
Du bist von Gott geliebt.

Auch im Tod ist Leben - ***sinnerfülltes*** Leben, ***ewiges*** Leben.

Amen.

***Gebet*:**

„Allmächtiger Gott,
deinem Willen gehorsam
hat dein Sohn
den Tod am Kreuz auf sich genommen,
um alle Menschen zu erlösen.
Gib,
daß wir in der Torheit des Kreuzes
deine Macht und Weisheit erkennen
und in Ewigkeit teilhaben
an der Frucht der Erlösung.
Darum bitten wir durch Jesus Christus.“[336]

---

[336] vgl. MB 771

Erntedank

Lesung: Genesis 1, 1- 2, 2
Evangelium: Lk 17, 11-19

I.

Wie dieser Eine sind wir alle zusammen umgekehrt,
zu Jesus gekommen, um zu danken.

Durch ihn unserem Vater, dem Schöpfer.

Wir sagen Dank Gott, dem Vater - durch Jesus - im Heiligen Geist.
Wir danken Gott.

Natürlich sind wir auch dankbar all denen,
die Ernte eingebracht haben:
den Bauern, den Gärtnern,
den Lieferanten und Geschäftsleuten,
all denen, die beruflich damit beschäftigt sind,
daß wir zu essen haben, daß es uns gut geht.

Wir könnten aber keine Ernte einbringen,
wenn Gott die Erde nicht erschaffen hätte.

II.

Es ist der Wille Gottes,
daß wir leben - und dieses unser Leben
eingebettet ist in seine Schöpfung.

Gott schuf durch das Wort. - Er sagte, und es geschah.

Nach jeder Erschaffung heißt es:

„Gott sah, daß es gut war."[337]

[337] Gen 1, 10. 12. 18. 21. 25

Nach der Erschaffung des Menschen sogar:

„Es war sehr gut.“[338]

III.

Wir danken für die ganze Schöpfung,
für alles, was uns ernährt
- aber nicht nur für Obst und Gemüse ...

Für die ganze Schöpfung wollen wir danken,
für unser Leben und das Leben der anderen.

Für viele gute Menschen.

Unser ganzes Leben ist Erntezeit.

Unser Leben bringt Frucht durch die guten Werke,
durch die Güte und Liebe,
die wir in die Schöpfung einbringen.

Unsere Heimkehr zu Gott wird sein
wie das Einbringen der Ernte:

Ein großes Fest erwartet uns,
wenn wir dem Sinn der Schöpfung entsprochen haben,
in den Acker der Schöpfung unsere Liebe einzubringen.

---

[338] Gen 1, 31

Gebet:

„Gott, unser Vater,
du sorgst für deine Geschöpfe.
Du hast dem Menschen die Erde anvertraut.
Wir danken dir für die Ernte dieses Jahres.
Nähre mit den Früchten der Erde
unser irdisches Leben
und gib uns immer das tägliche Brot,
damit wir dich für deine Güte preisen
und mit deinen Gaben
den Notleidenden helfen können.
Darum bitten wir durch Jesus Christus.“[339]

[339] vgl. MB 1066

Sonntag der Weltkirche

1. Lesung:	Jes 61, 1-3a
	oder Jes 2, 1-5
2. Lesung:	Gal 3, 26-29
Evangelium:	Mt 28, 18-20
	oder Mk 16, 15-20
	oder Joh 17, 1a. 6. 15. 17. 19. 21
	oder Joh 20, 19-23

„Wie mich der Vater gesandt hat, so sende ich euch."[340]

Dieses Wort des Auferstandenen,
einst an die Jünger gerichtet,
gilt heute auch uns!

Wir alle haben Sendung, Gott zu verkünden,
als den, der die Liebe ist.[341]

In allen Ländern möge die Kirche den befreienden Glauben
an Jesus Christus verkünden.

Das Wort der Heiligen Schrift,
das sich in Jesus erfüllt hat,[342]
betrifft heute in ihrem Wesen die Kirche:

„Er hat mich gesandt,
damit ich den Armen eine gute Nachricht bringe;
damit ich den Gefangenen die Entlassung verkünde
und den Blinden das Augenlicht;
damit ich die Zerschlagenen in Freiheit setze"[343].

---

340 Joh 20, 21
341 vgl. 1 Joh 4, 8. 16; KKK 214; 218-221; 231; 257; 733; 1604; 2331; FC 11
342 vgl. Lk 4, 21
343 Lk 4, 18

Am Sonntag der Weltkirche unterstützen wir
die Päpstlichen Missionswerke, „die im Auftrag des Papstes
die Existenz der ärmsten Ortskirchen sichern.“[344]

Gefördert werden kirchliche Gemeinden, Sozialprojekte,
besonders auch der Priesternachwuchs.

Weltkirche ereignet sich in der Gemeinschaft des Gebetes,
im Teilen der Güter, besonders in der Eucharistie.

Weltweit bemühen wir uns, Gottes- und Nächstenliebe
in einer Einheit der Liebe zu verwirklichen.

Amen.

---

[344] Direktorium 312

Gebet:

„Gott,
du willst, daß deine Kirche
ein Zeichen des Heils unter den Völkern sei
und das Werk Christi
bis zum Ende der Zeiten fortführe.
Erwecke in allen, die glauben,
die wache Sorge für das Heil der Menschen,
damit aus allen Völkern ein heiliges Volk wird.
Darum bitten wir durch Jesus Christus.“[345]

---

[345] MB 1049

Allerheiligen

1. Lesung: Offb 7, 2-4. 9-14
2. Lesung: 1 Joh 3, 1-3
Evangelium: Mt 5, 1-12a

I.

Wir feiern heute nicht nur die vielen Heiligen, die schon bei Gott sind,
wir feiern uns selber, die wir zur Heiligkeit berufen sind.[346]

Wir gehören zur großen Familie der Heiligen durch unsere Taufe.

Sie hat uns eingegliedert in den alles umfassenden Leib Christi,
sie hat uns bereits hineingenommen in das Leben des dreifaltigen Gottes.

II.

Wir alle werden in ganz besonderer Weise angesprochen
durch die Lesungen und das Evangelium des heutigen Festtages.

Die Geheime Offenbarung des Johannes beklagt sehr realistisch
das Unheil - verkündet aber: die Rettung kommt von Gott.[347]

Gute und böse Engel werden genannt.

Es gibt in unserer Welt das Gute und das Böse,
Geist und Ungeist,
das Menschliche und das Unmenschliche.

Und jeder muß sich im Leben entscheiden:

Auf welcher Seite möchte ich stehen, in welche Richtung gehen?
Auf welche Weise möchte ich meinem Leben Erfolg geben?
Welches Ziel strebe ich an, und wie - mit welchen Mitteln -
versuche ich, dieses Ziel zu erreichen?

---

[346] vgl. Lev 11, 44; 19, 2; 20, 26; Mt 5, 48; Lk 6, 36; 1 Petr 1, 15f; 1 Joh 3, 3
[347] vgl. Offb 7, 10

Die Auserwählten werden mit einem Siegel,
dem Siegel des lebendigen Gottes,[348] gekennzeichnet,
damit sie nicht zu Schaden kommen.

Tatsächlich ereignet sich bei jeder Taufe eine Besiegelung:

„Für immer gehörst du zu Christus."[349]

Und die Firmung bestätigt:

„Sei besiegelt durch die Gabe Gottes, den Heiligen Geist."[350]

Auch die weißen Gewänder erinnern an die Taufe,
an das Taufkleid:

„Du hast Christus als Gewand angezogen,
bewahre dir diese Würde für dein ewiges Leben."[351]

Wir haben unsere „Gewänder gewaschen
und im Blut des Lammes weiß gemacht."[352]

In der Feier der Eucharistie wird dieses Bild von Erlösung
zur befreienden Gegenwart:

„Das ist ... mein Blut,
das für euch und <u>für alle</u> vergossen wird
zur Vergebung der Sünden."[353]

---

[348] vgl. Offb 7, 2
[349] vgl. Die Feier der Kindertaufe in den katholischen Bistümern des deutschen Sprachgebietes. Hrsg. im Auftrag der Bischofskonferenzen Deutschlands, Österreichs und der Schweiz und des Bischofs von Luxemburg, Einsiedeln 1971, 44. 68
[350] vgl. Die Feier der Firmung in den katholischen Bistümern des deutschen Sprachgebietes. Hrsg. im Auftrag der Bischofskonferenzen Deutschlands, Österreichs und der Schweiz und der Bischöfe von Bozen-Brixen und von Luxemburg, Einsiedeln 1973, 34
[351] vgl. Die Feier der Kindertaufe in den katholischen Bistümern des deutschen Sprachgebietes. Hrsg. im Auftrag der Bischofskonferenzen Deutschlands, Österreichs und der Schweiz und des Bischofs von Luxemburg, Einsiedeln 1971, 44. 68; Gal 3, 27; KKK 1227; 1243
[352] Offb 7, 14
[353] MB 473; 485; 495; 507; vgl. Mt 26, 28; Mk 14, 24; Lk 22, 20; 1 Kor 11, 25

Da sind es nicht nur „hundertvierundvierzigtausend“[354],
nicht nur die Söhne Israels,[355]
alle Menschen sind zum Heil berufen:
„eine große Schar aus allen Nationen und Stämmen,
Völkern und Sprachen: niemand konnte sie zählen.“[356]

III.

Der heutige Festtag verweist auf das Ziel,
bei Gott unsere Vollendung zu finden:

„Freut euch und jubelt:
Euer Lohn im Himmel wird groß sein.“[357]

Noch leben wir in der „großen Bedrängnis“[358],
bedrückt uns Trauer und Gewalt,
Ungerechtigkeit, Streit, Verfolgung, Lieblosigkeit.

Aber in diese unsere Welt
spricht Gott seine Frohe Botschaft:

„Selig seid ihr“[359].

Von Gott kommt Heil.

Und wir alle sind *(dazu)* berufen,
zum Heil *(in)* der Welt beizutragen,
so zu lieben,
wie er uns geliebt hat - und liebt.

Amen.

---

[354] Offb 7, 4
[355] vgl. Offb 7, 4
[356] Offb 7, 9
[357] Mt 5, 12a
[358] vgl. Offb 7, 14
[359] Mt 5, 11

Gebet:

„Allmächtiger Gott,
du schenkst uns die Freude,
am heutigen Fest
die Verdienste aller deiner Heiligen zu feiern.
Erfülle auf die Bitten so vieler Fürsprecher
unsere Hoffnung
und schenke uns dein Erbarmen.
Darum bitten wir durch Jesus Christus.“[360]

---

[360] MB 821

Allerseelen

1. Lesung:	2 Makk 12, 43-45
	oder Ijob 19, 1. 23-27a
	oder Weish 3, 1-9
	oder Weish 3, 1-6. 9
2. Lesung:	2 Kor 4, 14 - 5, 1
	oder 2 Kor 5, 1. 6-10
	oder Phil 3, 20-21
	oder 1 Thess 4, 13-14. 17b-18
	oder 2 Tim 2, 8-13
	oder 1 Joh 3, 1f
	oder Offb 20, 11 - 21, 1
Evangelium:	Joh 11, 17-27
	oder Joh 14, 1-6

An das Fest Allerheiligen schließt sich der Gedenktag Allerseelen an.

Auch unsere Verstorbenen sollen zu den Heiligen gehören,
die schon bei Gott sind. - In ihm sollen alle vollendet sein.

Gott ist die Liebe,[361] der Ursprung und das Ziel allen Lebens.

Als Christen brauchen wir keine Angst zu haben vor dem Tod.
Wir gehen gläubigen Herzens ihm entgegen,
und sehen ihn als Übergang zu Neuem,[362]
wie Jesus die Herrlichkeit des Vaters vor sich gesehen hat.[363]

Ruhe in Gott bedeutet ein Verweilen in Glück und Freude.

Gott ist treu.[364]

---

[361] vgl. 1 Joh 4, 8. 16; KKK 214; 218-221; 231; 257; 733; 1604; 2331; FC 11

[362] vgl. KKK 1005-1014; 1019

[363] vgl. Joh 13, 31f; Joh 17, 5

[364] vgl. Gen 24, 27; Ex 34, 6; Dtn 7, 9; 32, 4; Neh 9, 33; Ps 22, 26; 23, 3; 25, 5; 25, 10; 30, 10; 31, 6; 36, 6; 40, 11; 54, 7; 57, 4; 61, 8; 65, 6; 69, 14; 71, 22; 85, 11; 86, 15; 88, 12; 89, 3. 6. 9. 25. 50; 92, 3; 96, 13; 96, 13; 98, 3; 100, 5; 115, 1; 117, 2; 119, 75. 90. 138; 138, 2; 143, 1; 145, 13; 146, 6; Sir 37, 15; Jes 38, 19; 61, 8; 65, 16; Jer 31, 3; Klgl 3, 23; Mi 7, 20; Sach 8, 8; Röm 3, 3; 1 Kor 1, 9; 10, 13; 2 Kor 1, 18; 1 Thess 5, 24; 2 Thess 3, 3; 2 Tim 2, 13; Hebr 2, 17; 10, 23; 11, 11; 1 Joh 1, 9; Offb 1, 5; 3, 14; 19, 11; KKK 205-207; 214; 218-220; 231

Er wird sich auch im Tod - und darüber hinaus - als treu erweisen.

Auch zwischenmenschliche Treue bricht mit dem Tod nicht ab.

Im Gegenteil. - Wir sind weiterhin füreinander und miteinander da.
Wir sind es durch Gebet, Gedanken und Verbundenheit,[365]
die Verstorbenen sind uns Fürsprecher[366]
und „den Engeln gleich“[367] Beschützer.

Zudem bleiben sie ein Teil unserer Lebensgeschichte,
unserer Persönlichkeit. - Durch sie sind wir mit Gott verbunden.

Ich erinnere mich an ein bekanntes Wort des heiligen Franz von Sales:

„Die Zeit, Gott zu suchen, ist dieses Leben,
die Zeit, ihn zu finden, ist der Tod,
die Zeit, ihn zu besitzen, ist die Ewigkeit.“[368]

Lassen wir das Licht,
das wir am Friedhof entzündet haben,
nicht nur ein ***Grab***-licht sein.

Es möge brennen als Licht der Liebe -
und ein Zeichen sein für unseren Glauben
an die Auferstehung, an Christus,
der Licht[369] und Leben[370] ist.

Amen.

---

[365] vgl. Die kirchliche Begräbnisfeier in den katholischen Bistümern des deutschen Sprachgebietes. Hrsg. im Auftrag der Bischofskonferenzen Deutschlands, Österreichs und der Schweiz und des Bischofs von Luxemburg, Einsiedeln 1972, Pastorale Einführung 4; LG 49; KKK 958; 1032; 1055

[366] vgl. Die kirchliche Begräbnisfeier in den katholischen Bistümern des deutschen Sprachgebietes. Hrsg. im Auftrag der Bischofskonferenzen Deutschlands, Österreichs und der Schweiz und des Bischofs von Luxemburg, Einsiedeln 1972, Pastorale Einführung 4; LG 49; KKK 958; 1053

[367] Lk 20, 36; vgl. Mt 22, 30; Mk 12, 25

[368] Franz von Sales: Stephanus-Verlag Wien VII, Bildchen Nr. 1079; vgl.: „Die Zeit, Gott zu suchen, ist das Leben. Die Zeit, Gott zu finden, ist der Tod. Die Zeit, ihn zu besitzen, ist die Ewigkeit. Franz von Sales“ (Laacher Grußkarte. Kondolenz, Kunstverlag D-56653 Maria Laach Nr. 22803)

[369] vgl. Jes 42, 6; 49, 6; Lk 2, 27-33; Joh 1, 1-18; 3, 19-21; 8, 12; 9, 5; 12, 35f. 46; Eph 5, 3-20; 1 Joh 1, 5-7

[370] vgl. Joh 1, 4; 3, 15; 5, 26; 6, 33-35. 48-58; 10, 10. 28; 11, 25f; 14, 6; 17, 2f; Phil 1, 21

Gebet:

„Allmächtiger Gott,
du hast deinen Sohn
als Sieger über den Tod zu deiner Rechten erhöht.
Gib allen unseren Verstorbenen
Anteil an seinem Sieg über die Vergänglichkeit,
damit sie dich,
ihren Schöpfer und Erlöser,
schauen von Angesicht zu Angesicht.
Darum bitten wir durch Jesus Christus."[371]

---

[371] vgl. MB 827; MB 1138

Weihetag der Lateranbasilika

1. Lesung: Ez 47, 1-2. 8-9. 12
2. Lesung: 1 Kor 3, 9c-11. 16-17
oder 1 Kor 3, 16-23
Evangelium: Joh 2, 13-22

I.

Manch einer mag sich fragen:
Was geht uns die Weihe einer Kirche an,
die sich vor Jahrhunderten irgendwo,
und schon gar nicht hier bei uns, ereignet hat?

Genauer betrachtet war die Entstehung der Lateranbasilika
aber ein wesentlicher Schritt in der Geschichte der Kirche,
die immer mehr zu einer Weltkirche geworden ist.

Ihr Bau und ihre Weihe hat für die Christen immer schon
mehr bedeutet als bloß das Bauwerk selbst:

Die Lateranbasilika wird heute noch bezeichnet als „Mutter aller Kirchen“,
„Mutter und Haupt aller Kirchen des (katholischen)[372] Erdkreises“[373].

Einige Aspekte des heutigen Festes
können uns bestärken in der Freude,
eine Gemeinde im großen Verband der Weltkirche zu sein.

II.

Wir feiern, daß eine Kirche „Mutter“ geworden ist.

Eine „Mutter“ bedeutet immer „Geborgenheit“. -
Mutter und Vater haben in uns grundgelegt die Erfahrung dessen,
was es heißt, von Gott geliebt zu sein.

---

[372] vgl. Direktorium der Erzdiözese Wien für das Kirchenjahr 1996/97. Im Auftrag des Erzbischofs von Wien hrsg. v. d. Diözesankommission für Liturgie, Wien 1996, 271
[373] MB 836

Die Kirche wird oft als Frau dargestellt.

Das „Urbild der Kirche“[374] ist Maria:
Sie hält liebevoll das Jesuskind in ihren Händen -
und mit ihm alle, die zu ihm gehören: die Kirche.[375]

„Wißt ihr nicht, daß ihr Gottes Tempel seid
und der Geist Gottes in euch wohnt?“[376]

Durch die Mutterschaft der Kirche sind wir Gotteskinder,
im Schoß der Mutter feiern wir Eucharistie,
erfahren wir die Gegenwart Gottes -
im großen Verband der Weltkirche.

Amen.

---

[374] MB 751; KKK 967; vgl. MBM 158-175 (Nr. 25-27); LG 53; 63-65; 68; KKK 507; 967; 972; 1368; 2679
[375] vgl. KKK 751
[376] 1 Kor 3, 16; vgl. 1 Kor 3, 9. 17; 2 Kor 6, 16; KKK 797f; 809

Gebet:

„Erhabener Gott,
du erbaust dir aus lebendigen Steinen ein ewiges Haus.
Mache die Kirche reich an Früchten des Geistes
und laß alle Gläubigen in der Gnade wachsen,
bis das Volk, das dir gehört,
im Himmel vollendet wird.
Darum bitten wir durch Jesus Christus.“[377]

[377] vgl. MB 882

Christkönigssonntag

Lesejahr A:

1. Lesung:	Ez 34, 11-12. 15-17
2. Lesung:	1 Kor 15, 20-26. 28
Evangelium:	Mt 25, 31-46

Lesejahr B:

1. Lesung:	Dan 7, 2a. 13b-14
2. Lesung:	Offb 1, 5b-8
Evangelium:	Joh 18, 33b-37

Lesejahr C:

1. Lesung:	2 Sam 5, 1-3
2. Lesung:	Kol 1, 12-20
Evangelium:	Lk 23, 35-43

„Als Jesus zur Zeit des Herodes in Bethlehem in Judäa
geboren worden war,
kamen Sterndeuter aus dem Osten nach Jerusalem und fragten:
Wo ist der neugeborene König der Juden?'"[378]

Und etwa dreißig Jahre später[379] wurde Jesus von Pilatus gefragt:

„Bist du der König der Juden?"[380]

Jesus gab zur Antwort:

„Du sagst es."[381]

Aber Jesus stellte klar:

„Mein Königtum ist nicht von dieser Welt.
Wenn es von dieser Welt wäre,
würden meine Leute kämpfen,
damit ich den Juden nicht ausgeliefert würde.
Aber mein Königtum ist nicht von hier."[382]

Jesus wollte kein Politiker sein im Sinne eines Staatsoberhauptes,
nicht Kaiser einer Monarchie oder Präsident einer Demokratie.

Nach der wunderbaren Speisung einer Volksmenge am See von Tiberias[383]
erteilte Jesus seinem Volk eine Abfuhr. - Der Speisungsbericht
endet mit der Feststellung:

„Da erkannte Jesus, daß sie kommen würden,
um ihn in ihre Gewalt zu bringen und zum König zu machen.
Daher zog er sich wieder auf den Berg zurück, er allein."[384]

---

[378] Mt 2, 2
[379] vgl. Lk 3, 23
[380] Mt 27, 11; Mk 15, 2; Lk 23, 3; Joh 18, 33
[381] Mt 27, 11; Mk 15, 2; Lk 23, 3; vgl. Joh 18, 37
[382] Joh 18, 36
[383] vgl. Joh 6, 1-15
[384] Joh 6, 15

Das große Anliegen von Jesus war kein irdisches Reich, vielmehr ein überirdisches: das Himmelreich, das Gottesreich.

„Kehrt um! Denn das Himmelreich ist nahe.“[385]

Wort und Tat Jesu bezeugen:

„Das Reich Gottes ist (schon) mitten unter euch.“[386]

Überall, wo Menschen sich um Liebe bemühen,
ist Gottesreich - und wird Jesus Christus als König erfahrbar:
seine Macht, die Liebe, die stärker ist als der Tod.[387]

Und wir alle haben Teil an der Königswürde des Herrn
durch unsere Taufe:

„Du bist Glied des Volkes Gottes
und gehörst für immer Christus an,
der gesalbt ist zum Priester,
König und Propheten in Ewigkeit.“[388]

In der Liebe zu Christus erfahren wir unsere Würde:
die Würde des Menschen, der dazu berufen ist,
seine Liebe in die Schöpfung einzubringen.

In ihm ist uns der Himmel geschenkt,
hat Gottes Reich uns reich gemacht -
in der Liebe, die den Tod überwindet.

Amen.

---

[385] Mt 4, 17; vgl. Mt 3, 2; Mk 1, 15
[386] vgl. Lk 17, 21
[387] vgl. Greshake G., Stärker als der Tod. Zukunft - Tod - Auferstehung - Himmel - Hölle - Fegfeuer. (Topos Taschenbücher 50), Mainz [3]1978; 1 Kor 12, 31b -13, 13
[388] vgl. Die Feier der Kindertaufe in den katholischen Bistümern des deutschen Sprachgebietes. Hrsg. im Auftrag der Bischofskonferenzen Deutschlands, Österreichs und der Schweiz und des Bischofs von Luxemburg, Einsiedeln 1971, 44. 68

Gebet:

„Allmächtiger, ewiger Gott,
du hast deinem Sohn alle Gewalt gegeben
im Himmel und auf Erden
und ihn zum Haupt der neuen Schöpfung gemacht.
Befreie alle Geschöpfe von der Macht des Bösen,
damit sie allein dir dienen
und dich in Ewigkeit rühmen.
Darum bitten wir durch Jesus Christus.“[389]

[389] vgl. MB 261

MIX
Papier aus verantwortungsvollen Quellen
Paper from responsible sources
FSC® C105338

Printed by Books on Demand GmbH, Norderstedt / Germany